한국인보다 한국을 더 사랑한 미국인
헐버트

한국인보다 한국을
더 사랑한 미국인

헐버트

| 김권정 지음 |

1907년 6월 이준, 이상설, 이위종이 대한제국의 특사特使로, 한국에서 비밀리에 출발하여 헤이그에 도착하였다. 제2회 만국평화회의가 헤이그에서 개최된다는 사실을 알고 고종이 한국인 특사를 파견했던 것이다. 만국평화회의에 파견된 특사들에게는 을사늑약이 일제의 강압에 이뤄졌다는 사실을 세계 만방에 폭로하고 파기하라는 고종의 특별한 밀명密命이 있었다. 그러나 안타깝게도 일제의 방해공작으로 그 뜻을 이루지 못했다.

당시 일본은 대한제국 주권의 완전한 강탈을 넘보며 고종의 동태를 감시하고 있었다. 이 때문에 고종의 행동은 철저하게 제약을 받을 수밖에 없었다. 국제무대에서 일본의 침략에 맞서 그 부당성을 제기하며 자주적 독립을 호소하려는 행위는 말할 것도 없었다. 그렇다면, 이런 상황에서 어떻게 만국평화회의에 한국인 특사를 파견할 수 있는 일이 가능했을까? 그토록 삼엄한 일본의 경계와 감시망을 뚫고 헤이그에 무사히 도착할 수 있었을까? 한 명도 아니고 세 명씩 거의 동시에 움직이는 것이 가능했던 이유는 무엇이었을까? 그것은 고종의 밀명을 받은 또 다른 누군가가 있었기 때문에 가능한 일이었다. 그 사람이 바로 한평생 한국을 사랑하고 한국 독립을 위해 헌신한 미국인 호머 헐버트Homer B. Hulbert(1863~1949)였다. 헐버트는 고종의 4번째 특사였다.

헐버트는 우리나라 최초 근대식 국립학교인 육영공원 교사로 1886년에 한국에 왔다. 교사로 활동하며 세계지리 교과서인 『〈민필지士民必知』를 한글로 펴내는 등 우리나라 근대 청년 교육운동에 힘썼다. 그리고 교사 계약 기간의 만료로 미국으로 돌아갔다가 1893년에 감리교 선교사 자격으로 다시 한국을 찾았다. 1900년대 초에는 YMCA 창설에 주도적으로 참여하여 YMCA 창립총회 의장으로 활약하였다.

러일전쟁 이후 일본이 을사늑약을 통해 한국의 외교권을 강탈할 무렵, 헐버트는 미국 대통령에게 고종의 친서를 전달하려는 밀사의 역할을 담당하였다. 1907년에는 세계만국평화회의에 파견된 한국인 특사를 지원하였을 뿐만 아니라 조약 상대국의 최고 지도자들을 만나 만국평화회의에서 한국을 도와달라고 호소하는 특사로 활동하였다.

그는 헤이그 특사 이후 미국 및 국제사회에서 세계인들을 향해 한국 독립 및 지원을 호소하는 일에 헌신하였다. 한국 독립에 대한 '무한투쟁' 을 선언하고 실천하였다. 1949년 다시 한국을 찾았으나 일주일 만에 별세하고 말았다. '한국 땅에 묻히고 싶다'는 유언에 따라 서울 마포 양화진 외국인 선교사 묘원에 묻혔다. 1950년에는 외국인 최초로 대한민국 건국훈장 독립장이 추서되었고, 2014년에는 대한민국 금관문화훈장이 추서되었다.

헐버트는 단순히 헤이그 특사사건으로 한정하거나 독립유공 외국인 포상자로만 이해할 수 없다. 한국을 향해 남긴 그의 흔적이 다른 어떤 이들과 비교해 너무도 남달랐기 때문이다. 그의 한국 사랑은 오랜 기간 참으로 지순하고 그지없었다. 그는 자신의 저서를 간행하면서도 '한국의 벗'에 바칠 정도로 한국 사랑을 과감하게 드러내기에 주저함이 없던 인물이었다.

그는 생전에 입버릇처럼 자신이 죽으면 "한국 땅에 묻히기를 원하노라"고 할 만큼 한국을 마음속 깊이 존경하였다. 약육강식弱肉強食과 적자생존適者生存이 판을 치는 '야만野蠻의 정글'과 같은 국제무대에서 한국인들의 진정한 벗이 되고자 하였다.

이런 점에서 그는 한국의 독립을 도운 인물이라는 차원을 넘어 '한국인과 같은' 삶을 산 인물이었다. 한국의 불행한 고난을 가슴 아파하며, 함께 울어주면서도 한국이 언젠가 반드시 일어날 수 있다는 무한한 신뢰를 보내며 끝까지 포기하지 말 것을 격려한 진정한 친구였다.

그에 대한 평가는 1960년대부터 윔즈Clarence N. Weems를 통해 본격적으로 시작되었다. 그는 1905년에 출간된 헐버트의 *The History of*

Korea(한국사)를 재판再版하면서 전기傳記를 간략하게 책 앞머리에 소개하였다. 윔즈는 헐버트의 출생과 가정환경, 그리고 한국과 미국에서의 활동 및 사망에 이르는 헐버트의 일생을 간략하게 소개하였다.

윤경로의 「Hommer B. Hulbert 연구」(1977)는 헐버트의 활동을 역사적으로 분석하고 평가하였다. 한국 역사학계가 다룬 헐버트에 관한 최초의 연구라는 점에서 그 의미가 크다. 또한 손정숙의 「구한말舊韓末 헐버트Hommer B. Hulbert의 대한인식과 그 활동」, 이광린의 「헐버트의 한국관」, 한철호의 「헐버트의 만국평화회의 활동과 한미관계」 등의 연구를 통해 그에 대한 역사학적 접근이 진행되었다. 1984년에는 한국정치사상사를 전공한 신복룡 교수가 헐버트가 지은 *The passing of Korea*를 『대한제국멸망사大韓帝國滅亡史』라는 이름으로 번역·출간하였다. 방대한 분량과 까다로운 내용에도 불구하고 헐버트의 한국사랑을 소개하는데 크게 기여하였다. 이외에도 한국문화와 관련된 그의 업적을 다룬 연구들이 현재까지 줄을 잇고 있는 상황이다.

최근 발간된 김동진의 『파란눈의 한국혼 헐버트』를 빼놓고 헐버트 연구를 말하기 어렵다. 교육자·한글학자·역사학자·선교사·독립운동가 등 다양한 분야에서 한국을 위해 헌신한 그의 삶을 깊이 다루고 있다. 헐버트에 관한 국내외 자료를 발굴하고 이를 기초로 서술하고 있다는 점에서도 저자의 열정이 돋보인다. 이와 같은 노력이 오늘날 헐버트 존재를 되살리는 데 큰 역할을 하고 있다는 점에서 저자에게 큰 박수를 보내지 않을 수 없다.

이처럼 오늘 우리들은 학인學人들의 노력으로 헐버트를 기억하고 있다고 해도 과언이 아니다. 이런 노력이 없었다면, 오늘을 살아가는 우리들에게 그의 이름은 아마도 생소한 인물에 지나지 않았을 것이다. 필자 역시 한국인들을 외면하지 않고 함께 한 헐버트란 인물을 먼저 알아보고 연구한 이들의 관심과 노력에 큰 빚을 지고 있다. 이들의 노력들이 없었다면 필자는 아마도 헐버트에 대한 평전 작업을 생각지도 못했을 것이다. 지면을 통해서 이들에게 다시 한 번 감사의 마음을 전한다.

최근까지 헐버트에 관한 연구와 자료가 상당히 축적되어 왔지만, 한국 역사학계가 그의 활동을 온전히 평가하고 있다고 보기는 어렵다고 생각된다. 그동안 한국 역사학계의 서술이 너무도 당연하게 한국인만을 대상으로 삼았기 때문이라 여겨진다. 그 '당연함'이 세계의 곳곳에서 한국인들과 함께 동고동락하며 한국 독립을 위해 헌신한 수많은 외국인들을 배제하는 결과를 낳았다. 한국의 독립운동이 한국인만의 것이 아니라 이 세상의 자유와 평화, 그리고 역사의 정의를 갈구했던 지구상의 수많은 사람들의 것이었음을 놓쳐버린 것이다.

이 책은 한국 독립을 위한 활동이 평생에 걸쳐 수행되었다는 점에서 '한국의 독립운동'이라는 역사적 흐름의 긴 호흡 속에서 그를 추적하려고 하였다. 이것은 한국 독립운동이 지닌 다양한 측면을 이해할 수 있는 좋은 기회가 될 수 있을 뿐 아니라 앞으로 한국 독립운동사 연구의 중요한 주제 중에 하나가 될 수 있을 것이다.

이 책에서는 단순히 한 사람의 외국인을 다루는 것이 아니다. 이 책은 외국인이면서 한국인의 정체성을 가졌던 인물에 관한 것이다. 이 같은 인물에 대한 역사학적 접근은 그동안 한국 독립운동사에서 배제되어

온 수많은 외국인, 우리에게 낯선 사람, '타자他者'의 한국 독립운동 자리를 온전히 회복하며 이해의 폭을 확장시키는 출발점이 될 수 있을 것이다. 이를 통해 한국 독립운동이 지닌 다양하면서도 풍부하고 생동감 있는 모습을 더욱 깊이 이해하는 계기가 될 수 있기를 기대해 본다.

2015년 12월
김권정

23살 청년 헐버트,
이 땅에 오다

문호개방과 조미수호통상조약

헐버트가 내한來韓한 19세기 말은 기존의 질서들이 변화를 강요받고, 새로운 질서가 그 자리를 대신하는 시기였다. 그 중심에 근대 제국주의와 근대 문명이 소용돌이치고 있었다. 한국 역사학계에서는 흔히 '서세동점西勢東漸'이란 말을 사용하여 이 시기를 표현하곤 한다. 이 말은 서양세력이 동양으로 '서서히' 몰려왔다는 것을 뜻한다. 그러나 제국주의 세력이 '서서히' 몰려왔다는 이 말은 당시 한국인들이 직면한 현실을 표현하는 데 부적절하다. 오히려 제국주의 세력이 '갑작스럽게' 몰아닥쳤다는 것이 올바른 표현일 것이다. 곧 닥칠 상황에 막연한 짐작만 있었다. 그러나 실제로 감당하기에는 너무도 힘든 것이었다. 그 충격과 결과가 상상할 수 없을 만큼 크고 깊었기 때문이다.

한국은 19세기 중엽에 이웃한 청국과 일본이 차례대로 서구 열강의 힘 앞에 무릎을 꿇는 상황을 지켜보아야 했다. 그로 인해 언젠가 거대한 힘이 우리에게도 닥칠지 모른다는 위기감이 커져가는 동시에 청국과 일본의 개항 이후의 변화된 모습을 지켜보며 우리도 변화해야만 한다는 절박함 또한 높아졌다.

19세기 이전만 해도 우리나라를 비롯해 동아시아 3국인 일본과 중국은 '문명文明' 관점에서 서양을 오랑캐 혹은 야만野蠻으로 인식하였다. 중국 대륙에 존재하는 중국이야말로 가장 문명화된 나라라는 중화사상을 지니고 있었다. 이를 바탕으로 동아시아 3국은 서구 국가들에 대해 제한된 무역만을 허용하는 '쇄국정책'을 취하였다.

그러나 이러한 질서는 그렇게 오래가지 못했다. 19세기에 들어서면서부터 서구 열강이 몰고 온 군함의 함포 소리에 놀라서 깨어났기 때문이다. 이른바 아편전쟁으로 불리는 중영전쟁이 그 신호탄이 되었다. 청국은 불행하게도 이 전쟁에서 힘도 제대로 쓰지 못한 채 무기력하게 패배하고 말았다. 청국이 선택할 수 있는 것은 서구 열강과 불평등 조약을 맺고 강제 개항을 하는 것뿐이었다.

청국의 몰락과 함께, 일본도 미국의 무력시위에 의해 1854년에 강제 개항을 하게 되었다. 그 결과, 미국과 불평등 조약을 맺게 되었고, 근대화의 길에 들어서게 되었다. 일본은 개항 이후 빠르게 근대화의 성과를 내기 시작하였다. 이후 메이지유신明治維新을 통해 근대적 국민국가의 기초를 세우고 '아시아에서 벗어나 서구로 들어가자'는 '탈아입구론脫亞入歐論'을 주장하기 시작하였다. 아시아에서 더 이상 배울 것이 없으므로 아시아를 몰락시킨 서양의 모든 것을 배우자는 논리였다. 단기간에 근대화 정책을 집중적으로 추진한 일본은 서구 열강의 지원을 받으며 '후발 제국주의 국가'로 급격히 성장하였다.

이처럼 주변국들이 서구 열강에 의해 강제로 개항을 시작할 무렵, 우리나라도 서구의 힘을 직접 경험하는 사건이 일어났다. 1866년에 일어난 병인양요와 1871년에 일어난 신미양요였다. 이 사건은 우리 사회 내부에 외세에 대한 저항심 강화와 동시에 개항을 통해 근대화로 나가야 한다는 개화 요구를 크게 만드는 계기가 되었다.

시간이 갈수록, '우리도 언제까지 문을 걸어둘 수 없다'는 현실적인 요구가 정치권을 중심으로 커져 나갔다. 흥선대원군이 물러나고 고종이 직접 정치를 시작하게 되자, 정부에서 군사 충돌을 피하고 서양과 교류하며 근대 문물을 받아들이자는 주장이 제기되었다. 고종과 집권세력도 개화의 필요성을 강하게 느끼고 있었다. 이에 따라 근대 문물 수용에 적극적인 입장을 지닌 개화 인물들이 대거 등용되었다. 이들을 중심으로 개항을 통한 서구 열강과의 통상 방안이 모색되기 시작하였다.

이 무렵 근대화를 추진하던 일본은 조선에 대한 지배권을 행사하고자 하였다. 이에 무력시위를 통해 조선과의 국교 촉진을 추진하였다. 일본은 강제 개항의 경험을 활용하여 조선을 개항시키고자 하였다. 일본은 함포 사격 연습을 한다는 구실로 부산에 군함 3척을 파견하여 위협을 가하였다. 이어 운요호雲揚號를 강화도에 보내서 연안 포대의 포격을 유발시킨 '운요호사건'을 일으켰다. 일본은 이를 기회삼아 군사력을 동원하여 통상조약 체결을 강요하였다.

조일수호조규 체결 모습

　조선에 대한 일본의 개항 강요는 러시아의 남하를 막으려는 영국의 지원을 받았다. 다른 서구 열강도 영국과 마찬가지의 태도를 보였다. 청국도 조선이 자국의 속방屬邦이나, 외교와 내방은 독자적으로 행한다는 모호한 태도를 취하였다. 청국도 일본의 정책을 인정한 것이었다.

　한편, 조선 정부 내에서는 일본과의 조약 체결에 대한 찬반양론이 팽팽하게 맞섰다. 청국의 권고가 이어지면서, 조선 정부는 결국 1876년 2월에 강화도에서 일본과 조일수호조규朝日修好條規를 체결하였다. 강화도 조약으로도 불리는 이 조약은 근본적으로 불평등한 성격을 갖고 있었다. 당시 조약을 추진한 집권 세력은 조약의 의의를 우호적이었던 옛 관계를 회복한다는 점에서 찾았다. 문제는 불행하게도 일본이 제시한 조약 내용이 정치적·경제적·사회적으로 무엇을 의미하는지, 그 결과가

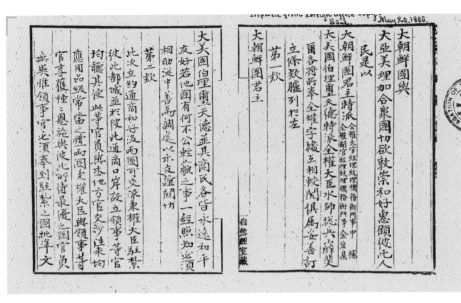

조미수호통상조약

무엇을 초래할 것인지에 대해 제대로 알지 못했다는 점이다.

조일수호조규 체결 이후 문호를 개방한 조선은 개화 정책의 강력한 추진을 위해 서구 열강과의 통상조약 체결에 직접 나섰다. 여기에는 청국의 제안과 지원도 큰 배경이 되었다. 청국의 이홍장은 서구 열강과의 통상조약 체결을 권고하였다. 그는 러시아의 남하와 일본의 독주 등을 견제하기 위해 서양 열강을 통해 한반도 힘의 균형을 맞추고자 하였다. 이것은 청국의 안정과 주도권에 이익이 된다는 판단에서 비롯되었다.

첫 번째 대상은 미국이었다. 조선은 미국과 수호통상조약을 체결하여 서구 열강에 문호를 처음으로 개방하였다. 조약 체결 이전에 미국을 긍

정적으로 소개하는 서적이 국내에 유포되어
있던 것도 영향을 미쳤다. 이러한 서적은 개
화 관료와 개화파 인물들이 우호적인 미국관
의 형성에 영향력을 미쳤다.

조선 정부는 이홍장의 주선으로 1882년
5월 제물포에서 미국과 조미수호통상조약朝
美修好通商條約을 체결하였다. 일본과 맺은 내용
에 비해 불평등성이 부분적으로 완화된 측면
도 있으나, 최혜국 대우와 같은 조항은 여전
히 불평등하였다.

그런데 이 조약 내용 가운데 주목되는 항
목이 있었다. 그것은 제1관에 실린 내용 중에
'제3국이 어느 한쪽 나라를 불공스럽게 대하

이홍장

고 업신여기면 반드시 서로 돕고 잘 조처한다'는 '거중조정居中調整'이었
다. 물론 이 항목은 조선이 국가적 위기에 처했을 때, 별 소용이 없는 내
용이 되고 말았다. 이해관계가 현실을 지배하는 국제무대에서 물리적 힘
이 동반되지 못한 채 국가 간의 이상적 관계만을 제시하는 조항은 힘을
발휘하지 못하기 때문이다.

반면에 이 조항은 아이러니하게도 헐버트와 수많은 한국 독립운동가
들이 미국 정부와 미국 지식인들을 설득하는 중요한 역사적 근거가 되었
다는 점에서 의미가 있는 내용이기도 하였다.

미국과의 통상조약 체결 이후 얼마 있지 않아 정국을 뒤흔든 사건이 일어났다. 1882년 6월 5일에 일어난 임오군란이었다. 이 사건은 구식군대에 대한 차별에서 비롯되었다.

신식군대를 양성하는 별기군別技軍이 좋은 대우를 받는 데 비해 구식군대는 그렇지 못했다. 무려 13개월 동안 봉급미를 받지 못해 군인들의 불만이 높았다. 그러던 차에 겨우 한 달 급료를 받게 되었으나, 그것마저 선혜청宣惠廳 관료의 농간으로 모래가 반이나 넘게 섞여 있었다. 이에 격분한 구식군인들이 선혜청으로 몰려가서 관료를 폭행하고, 선혜청 당상堂上이었던 민겸호閔謙鎬의 집으로 몰려가서 저택을 파괴하는 등의 난동을 일으켰다.

여기에 백성들이 합세하면서 그 세력이 순식간에 불어났다. 이들은 권력에서 물러나 운현궁에 머물던 흥선대원군을 찾아가 자신들의 처지를 호소하였다. 이들의 불평은 흥선대원군과 연결되어 명성황후 및 일본 세력의 배척운동으로 확대되었다. 이 과정에서 별기군의 일본인 교련관과 일본인 13명이 살해되었고, 일본 공사관이 불탔다. 이들은 명성황후를 제거하기 위해 창덕궁으로 난입하였으나 실패하였다. 이때 조선 정부의 요청을 받은 청국 군대가 파견됨에 따라 임오군란은 청군에게 진압당하였다.

이 사건 이후 청국은 조선의 정치와 외교에 직접 개입하기 시작하였다. 이에 따라 청국은 임오군란을 진압한 뒤인 1882년 8월에 조선과 조중상민수륙무역장정朝中商民水陸貿易章程을 체결하였다. 이 장정은 경제적 통상에 관한 것이었으나, 청국은 정치에 큰 무게를 두고 있었다. 청국은 "이번에 정한 장정은 중국이 속국을 우대하는 뜻에서 작성된 것으로 각 국이 균점할 수 없다"고 선언하며 조선과의 정치적 종속관계를 현실화 시키고자 하였다. 이는 임오군란 이후 청국이 조선에서 서구 열강을 제 치고 우월한 지위를 차지하는 계기가 되었음을 보여준다. 이때부터 청 국은 조선 내정에 사사건건 개입하기 시작하였다. 그 결과 조선의 자주 권이 크게 손상되었다. 개화세력 가운데 신진청년층에서는 이를 몹시 분개하였고, 이들은 자연스럽게 청국이 아닌 일본의 근대화에 관심을 표명하기 시작하였다.

이런 상황에서 푸트Lucius H. Foote가 1883년 5월에 미국 공사로 부임하 였다. 푸트는 고종을 알현하여 조선의 친선사절을 미국에 파견할 것을 건의하였다. 고종은 미국이 조선을 독립국으로 인정해 준 사실에 큰 힘 을 얻었다. 그리하여 그해 7월에 보빙사報聘使 사절단을 구성하여 미국에 파견하였다. 민영익을 대표로 하였고, 고영철·변수·서광범·유길준· 최경석·현흥택·홍영식 등이 참여하였다. 이들은 해외 경험이 풍부하여 국제 정세에 밝고 개화 지향적인 인물이었다.

보빙사 일행은 두 달 정도 미국에 체류하였다. 미국 대통령을 접견한 자리에서 조선의 개국 연호를 사용한 국서를 전달하였고, 개화 자강 정 책에 필요한 외교 고문, 군사 교관, 농업 기술자 등의 파견을 요청하였 다. 대통령과의 회동에서 보여준 전통 예법은 미국인들에게 문화적 충 격을 주기도 했다.

미국에 파견된 보빙사(1882)

　또한, 외국 박람회를 비롯하여 시범농장·방직공장·의약제조회사·
해군연병장·병원·전기회사·철도회사·소방서·육군사관학교 등 공공
기관을 시찰하였다. 워싱턴에 위치한 내무성 교육국을 방문했을 때는
교육위원회 이튼John Eaton 국장으로부터 미국의 교육제도에 대한 설명을
들었다. 이 자리에서 미국 측으로부터 근대식 교육기관 설립을 추진하
는 데 필요한 모든 원조를 다하겠다는 약속도 받았다.

　보빙사 일행은 유길준을 유학생으로 남겨둔 채 두 조로 나뉘어 귀국길
에 올랐다. 민영익은 서광범과 변수 등을 대동하고 유럽을 거쳐 세계일주
를 하였고, 홍영식을 비롯한 나머지 일행은 곧바로 귀국하였다. 미국과
유럽을 체험한 이들은 호의적인 미국관을 갖게 되었고, 근대적 제도와 문
물의 수용, 특히 교육제도의 필요성을 절감하게 되었다. 보빙사 일행의

보고를 받은 고종은 근대적 인재 양성을 위한 미국의 교육제도에 큰 관심을 표시하였다. 미국의 근대적 교육제도 수용을 통해 교육제도까지 영향력을 행사하려는 청국의 간섭으로부터 벗어나고자 하였다.

몰렌도르프

임오군란 이후 조선 정계는 친청親淸 세력이 주도권을 행사하였다. 청국은 독일인 몰렌도르프Paul George von Möllendorff를 파견해 영향력을 높이고자 하였다. 몰렌도르프는 조선의 당면 과제 가운데 하나가 근대적 인재 양성임을 인식하고 영어 교육기관의 설립을 제안하였다. 몰렌도르프는 그와 친분이 있던 영국인과 중국인을 영어교사로 초빙하여 조선의 최초 영어전문 교육기관인 동문학同文學 설립에 일조하였다.

이 과정에서 흥미로운 일이 발생하였다. 몰렌도르프가 내한한 이후 청국의 기대와 달리 반청적反淸的인 태도를 보였다는 점이다. 그는 오히려 동문학이 청국의 간섭하에 운영되지 않도록 노력하였다. 그러나 이러한 노력은 오래 가지 못했다. 몰렌도르프가 1885년에 발생한 조선 러시아 밀약 사건으로 인해 동문학을 사직했기 때문이다. 몰렌도르프의 뒤를 이어 중국인 영어교사가 동문학 운영을 맡게 되었다. 이에 따라 청국은 조선의 교육 분야 개화정책에 직접 개입할 수 있는 기회가 생겼다. 동문학 교사 선정에 노골적으로 개입하는 등 조선의 근대 교육정책에 간섭하였다.

매클레이 선교사

이에 고종은 청국의 영향에서 벗어나기 위해 미국에 고문관 파견을 거듭 요청하였다. 가능한 빠른 시간 내에 미국인 고문관을 초빙하여 청국의 영향력을 제거하고자 하였다. 그러나 기대와 달리 고문관 파견이 늦어지자, 고종은 먼저 미국인 교사를 초청하여 근대식 학교를 세우고자 하였다. 청국의 견제를 위해 조선 내 미국의 영향력을 확보하고자 한 것이다.

여기에는 미국의 교육제도에 대한 고종의 관심도 큰 몫을 차지하였다. 미국공사 푸트는 미래를 책임질 인재 양성을 위해 고위급 관료의 자제들을 중심으로 운영하는 근대 학교 설립을 추천하였다. 영어 및 지리 과학 등 서양 문화의 기본적 내용을 배울 수 있는 학교였다. 보빙사로 미국에 다녀온 홍영식도 "우리가 가장 중요시할 것은 교육에 관한 것"이라고 하였다. 그는 만약 미국의 교육방법을 도입하여 인재를 양성해 백방으로 대응한다면 장래에 아마도 어려움이 없을 것이기 때문에 반드시 미국의 교육제도를 본받아야 한다고 고종에게 아뢰었다.

이때, 일본에 주재하며 한국에서의 기독교 선교 방법을 모색하던 매클레이 감리교 선교사가 1884년 6월 24일부터 7월 8일까지 한국을 방문하였다. 주일 미국공사 빙햄John A. Bingham과 주한 미국공사 푸트의 후원으로 한국에 오게 된 것이다. 그는 일본에서 몇 번 만난 적이 있는 개화파 리더 김옥균을 방문하여 '교육'과 '의료'에 한정하여 이에 관련된 외국인이 한국에서 활동할 수 있도록 협조를 요청하였다. 매클레이는 외국인의 한국 거주를 요청하는 편지와 한국에서의 사업 계획을 적은 간단한 설명서를 김옥균에게 건네주었고, 김옥균은 고종에게 전달하였다.

매클레이는 '고종이 편지와 사업계획서를 신중하게 검토한 결과, 병원과 학교 사업을 시작할 수 있도록 허가했다'는 김옥균의 소식을 받았다. 한국에서 외국인의 교육과 의료 사업 활동이 가능해진 것이다. 이에 따라 한국 사회에서 개신교의 포교 활동이 가능하게 되었다. 교육과 의료에 관련된 일을 담당하던 교사와 의사들이 대부분 본국에서 파송된 선교사들이었기 때문이다. 이처럼 조선은 1884년 중반 무렵에 근대적 문물을 수용하기 위한 개화정책 차원에서 교육과 의료 사업에 한정하여 외국인의 합법적 거주 및 활동을 허용하였다. 이를 통해 외국인이 국내에서 활동할 수 있는 환경이 마련되었다.

헐버트의 집안과 성장 과정

헐버트는 미국 동북부에 있는 버몬트Vermont 뉴헤이븐New Haven에서 아버지 칼빈 헐버트Calvin B. Hulbert와 어머니 메리 우드워드Mary E. Woodward 사이에서 3남 1녀 중 둘째 아들로 1863년 1월 26일에 태어났다.

헐버트의 집안은 17세기 초에 영국에서 미국으로 건너온 청교도의 후예였다. 청교도들은 신神이 국왕의 권력을 부여한 것이라는 정치권력의 압제에 맞서다가 박해를 받았다. 이들은 17세기 중엽에 종교의 자유

헐버트의 가족들(1890년대)   앞줄 맨 오른쪽이 헐버트이고, 그 왼쪽이 부인이다.

를 찾아 미국으로 이주하였고, 스스로를 깨끗이 지키려는 신앙운동을
펼쳤으며, 엄격한 생활의 절제 윤리를 강조하였다. 청교도들은 자기가
믿는 신앙을 자유롭게 믿고 행할 수 있는 공동체를 미국 대륙에 세우고
자 하였다. 이들은 미국 사회에 엄격한 자기 절제와 공동체에 대한 무한
책임과 희생을 강조하는 가치관을 세웠다. 이는 이후 미국 사회의 기본
적 가치가 되었고, 미국인을 통합시키는 공통 요소가 되었다.

　　헐버트의 집안은 청교도의 후예답게 냉철한 판단 속에 절제된 행동을
하는 당시 미국 사회의 주류적 특성을 그대로 갖고 있었다. 그리고 남북
전쟁 이후 사회적 혼란함 속에서도 절제와 겸손, 희생의 정신을 잃지 않
으면서 빠르게 안정을 찾았다.

헐버트의 아버지는 다트머스대학Dartmouth College을 졸업하고 미들베리 대학Middlebury College의 총장을 지냈다. 그리고 회중교회 목사를 담임하고 있었다. 그의 아버지가 총장이 될 수 있었던 것은 청렴성과 정직성, 경건한 지성이 미국 사회와 교육계에서 높이 평가받은 결과였다. 그의 어머니는 다트머스대학 창립자의 증손녀였으며, 외할아버지는 인도에서 선교사로 오랫동안 활동한 인물이었다.

당시 미국 사회에서 대학 교육은 중산층과 그 이상의 계층이 받을 수 있는 특권이었다. 헐버트의 부모는 대학의 기회가 사실상 배제된 가난한 청년이나 명문대학에 다니던 상류층은 아니었다. 그들은 남북전쟁 이후 등장한 신흥 중산층 가정을 배경으로, 개신교 주류 교단이 만든 소규모의 신생 기독교 대학 출신이었다. 이들은 새롭게 중산층에 편입된 사람들로, 명문대학을 다니기에는 부담이 큰 경우가 대부분이었다.

헐버트의 회고에 의하면, 그의 아버지는 형식적인 기독교 신앙이 아니라 진실한 믿음의 신앙을 강조하였다고 한다. 그래서 일요일에는 보통 아이들처럼 뛰어놀기보다 부모님과 함께 예배를 드리며 정신세계를 가다듬을 수 있는 시간들을 보냈다고 하였다. 또한, 그의 아버지는 교육의 중요성을 강조하였다고 한다. 신앙만큼이나 학교 교육도 최선을 다하여 성실하게 임해야 하며 교육만이 인간을 변화시키고 나라를 문명화시킬 수 있다고 하였다. 아버지의 강한 교육 철학은 헐버트가 훗날 한국에서 육영공원을 비롯한 근대 교육기관에서 교육자의 삶을 사는 데 큰 힘이 되었다. 한국의 청년들을 일깨우는 교육에 집중할 수 있는 배경이 되었던 것이다.

다트머스대학 전경(1880년대)

이처럼 헐버트는 어려서부터 경건하면서도 절제된 아버지의 지적인 성품과 희생적이면서도 따뜻한 어머니의 헌신성 속에서 성장하였다. 청교도적인 집안에서 부모님의 모습을 통해 자기 절제와 희생을 배울 수 있었고, 자유와 진리에 순종하며 지적 경건성을 추구하는 태도를 깊이 간직하게 되었다.

일평생 불의에 맞선 그의 비타협적 태도는 성장하면서 익혀온 것이다. 옳지 못한 일에 타협하거나 억압을 회피하지 않고 자기희생을 감수하며 이에 맞서는 강직함을 갖게 되었다. 이는 어려서부터 청교도적 가치를 익히고 실천하는 과정에서 자연스럽게 익히며 형성된 것이었다.

헐버트는 7살이 되던 1870년에 아버지의 사역지가 뉴저지 뉴어크에 있는 교회로 옮김에 따라 온 가족과 함께 그곳으로 이주하였다. 2년 뒤에는 아버지가 베닝턴 시의 회중교회로 사역지를 옮김에 따라 그곳에 있는 초등학교로 전학하였다. 이후 아버지가 1875년에 미들베리대학

총장이 되자 그는 미들베리에서 중학교와 고등학교를 다니게 되었다. 1879년에 고등학교를 졸업하고, 버몬트에 있는 세인트 존스베리 아카데미를 1년간 다녔으며, 이듬해에는 다트머스대학에 입학하였다.

윤치호

어머니 집안에서 세운 대학에 다닌다는 것이 그에게는 영광이기도 했으나, 한편으로는 부담이기도 하였다. 그런 만큼 헐버트는 자기주도적인 대학생활을 하였다. 운동을 좋아하면서도 공부를 게을리하지 않았는데, 특히 문학과 역사에 관심이 많았다. 대학시절에 경험한 풍부한 독서는 이후 그가 역사와 문화에 대한 전문적인 글을 쓸 수 있는 기본적인 바탕이 되었다.

대학을 졸업한 헐버트는 아버지와 형처럼 성직자가 되기 위해 신학공부를 하기로 하였다. 그리하여 형이 다니는 유니언 신학대학Union Theological Seminary에 입학하였다.

미국인 교사 파견 요청

조선은 교육과 의료 사업에 한하여 외국인의 거주와 활동을 허가한 직후, 미국 측에 교사 파견을 요청하였다. 조선의 젊은 관리와 양반 계층 자제들에게 영어와 신문화를 가르치기 위해 '육영공원'이라는 근대적 신식학교의 설립을 결정하였다. 이에 윤치호尹致昊를 통해 미국 공사 푸트에게 미국인 교사 3명을 추천해달라고 공식요청하였다. 푸트 공사는 이를 곧바로 미국 정부에 보고하였다.

　미국 정부는 교육위원장인 이튼에게 조선이 요청한 미국인 교사 3명을 모집하도록 하였다. 이튼은 자신의 대학 동창인 헐버트에게 두 아들이 있었던 것을 떠올렸다. 그는 헐버트의 아버지에게 큰아들 헨리Henry W. Hulbert나 둘째 아들 헐버트 가운데 한 사람을 조선에 교사로 보내는 것이 어떻겠냐는 의견을 제시하였다. 헐버트의 아버지는 이튼의 제안에 동의하였다. 그는 미국인들이 세계에 대해 큰 책임과 사명감을 가져야 한다고 생각하는 인물이었다.

　아버지는 두 아들에게 이튼의 제안을 설명하기 위해 유니언 신학대학을 방문하였다. 그리고 먼저 헨리에게 조선 파견에 대한 의향을 물어보았다. 헨리는 당시 대학 졸업을 앞두고 있었다. 헨리는 좋은 제안이나, 자신이 '조선'이라는 나라를 전혀 모르고, 졸업 이후 계획을 갖고 있음을 밝히며 아버지의 제안을 정중하게 거절하였다. 이어서 아버지는 헐버트에게 "조선에 대한 교사 파견에 대해 어떻게 생각하느냐?"라고 물었다. 이때 헐버트는 '놀랍고 매력적인 기회가 될 것이라는 가슴 벅찬 느낌'을 받았고, 잠시 머뭇거린 뒤에 조선에 교사로 가겠다는 의사를 분명하게 대답하였다.

　헐버트가 조선에 가기로 결정한 당시의 미국 사회는 남북전쟁 이후 남부 지역 재건 사업이 끝나가고 있었다. 미국 사회는 서부 개척과 함께 산업화와 도시화가 어느 정도 성공을 거둠으로써 점차 팽창하고 있었다. 누구나 발견하는 즉시 자신의 것으로 만들 수 있는 서부의 미개척지와 이에 따른 미국인들의 서부 이주로 인해 줄어들던 개척지는 19세기 후반 미국의 성장과 발전을 상징적으로 보여주었다. 그리고 미국의 산업혁신이 성공하며 산업 자본주의 체제도 어느 정도 완성되었다. 이후 미국인들의 개척정신은 경제적 발전에 자부심을 가진 청년과 학생들을 중심으로 해외로 나아가는 동력으로 작용하였다.

그런 현상 가운데 하나가 해외선교 열기의 고조였다. 미국의 '대大아메리카'라는 구상 속에 많은 청년들이 해외 진출을 시도하였다. 한국에 입국한 대부분의 기독교 선교사들이 이런 시대적 분위기를 배경으로 온 청년들이었다. 이러한 사회적 분위기 속에서 헐버트의 조선 파견도 이와 깊은 관련이 있었다. 헐버트 역시 해외 진출이 자신에게 큰 기회이자 희망이 될 수 있다고 보았기 때문에 '조선'이라는 나라에 대한 호기심과 모험심을 갖고 교사 파견에 동의했던 것이다.

한편, 헐버트가 이튼에게 조선에 가겠다는 입장을 밝히고 난 뒤에 그와 함께 조선에 파견될 2명이 별도로 선발되었다. 그러나 헐버트 일행은 곧 조선으로 떠날 수가 없었다. 급진 개화파 세력이 일으킨 갑신정변이 3일 만에 좌절되면서 개화정책에 큰 타격을 입었기 때문이다. 이에 따라 육영공원의 설립이 자연스럽게 연기되었고, 미국인 교사의 초청도 늦어졌던 것이다.

헐버트는 잠시 실망했으나, 기회가 다시 올 것이라는 기대감을 버리지 않았다. 그는 유니언 신학대학에 복학하여 동아시아와 조선에 대한 공부에 열중하였다. 그는 학교에 다니면서도 자신이 파견될 조선에 대한 호기심과 기대감에 가득 차 있었다. 공부를 하면서 조선에 대한 관심을 더욱 키워나갔다.

그러던 중에 조선은 1886년 초에 이르러 육영공원 설립 계획을 다시 추진하였다. 그리고 미국 정부에 육영공원을 설립하고 가을에 개교한다는 계획을 알리고, 미국인 교사의 파견을 다시 요청하였다. 이 소식을 들은 이튼은 헐버트에게 연락을 하였다. 그가 여전히 조선에 가려는 의사를 갖고 있는지를 확인하기 위해서였다. 이어 지난번에 신청했던 인물 중에 길모어George W. Gilmore와 새로운 지원자로 나선 벙커Dalzell A. Bunker가 선발되었다.

헐버트는 2년을 기다리며 조선에 교사로 갈 준비를 한 셈이 되었다. 그는 미국의 공립학교 운영을 꼼꼼히 살펴보았다. 이튼도 헐버트에게 공립학교 조직과 운영에 대해 철저하게 공부할 것을 권면勸勉하였다. 그는 직접 주변 지역의 학교를 돌아보며 교과서와 학교 운영과 같은 현장 중심의 공부를 하였다. 조선에 가서 바로 교육을 해도 부족하지 않을 정도로 만반의 준비를 하였다.

이렇게 미국인 교사 초빙은 1886년에서야 비로소 이루어졌다. 이에 따라 주청 미국 공사 덴비Charles Denby가 주한 미국 공사 포크G. C. Foulk에게 미국인 교사 3명이 한국의 초청 요청을 받아들였고, 그들이 원하는 임금 수준과 이에 대한 보증이 있다면 곧 출발할 수 있다고 알려 왔다. 이를 접수한 조선 정부가 미국인 교사 초빙에 관한 계약 내용을 미 국무부로 보내면서 미국인 교사 초빙 계약이 완료되었고, 이튼은 헐버트를 비롯한 3명에게 각각 추천장을 발급하였다.

미국에서 파견 교사에 대한 모집과 준비가 이뤄지는 동안 조선에서는 육영공원의 설립이 가시화되었다. 그 러나 매우 조심스럽게 진행되었다. 조 선 정부의 개화 정책 추진에 대해 청국 의 간섭이 정도를 넘어서고 있었기 때 문이다.

위안스카이

당시 청국의 위안스카이袁世凱는 갑 신정변 진압 이후 조선 내정에 깊숙이 개입하고 있었다. 미국이 조선의 교사 파견 요청을 받아들여 교사 선발까지 마치고 계약만을 남겨둔 시점에서 위안스카이가 이 사실을 알게 되었 다. 그는 미국 공사 포크에게 미국의 교사 파견을 반대한다는 의사를 분 명하게 밝혔다. 물론 미국인 교사 초청과 육영공원 설립을 막을 수 있는 명분은 없는 상황이었다.

이처럼 헐버트는 교육자와 선교사 가문의 전통 속에서 조선의 적극적 인 미국인 교사 파견 요청에 따라 조선행을 결심하였다. 이는 19세기 말 미국 사회에서 유행한 청년 중심의 해외 진출 및 해외 선교의 영향을 받 은 것이기도 하였다. 또 미지의 세계에 대한 개척 정신을 바탕으로 조선 에 대한 호기심과 모험심을 통해 해외 진출이 자신에게 큰 기회이자 희 망이 될 것이라는 기대감도 크게 작용한 결과였다.

육영공원 교사로 학생을 가르치다

육영공원 참여와 운영 준비

헐버트와 동료 교사들이 내한할 무렵, 서울 정동 미국 공사관 주변 일대
에는 미국인이 모두 8가구가 살고 있었다. 공사관 대리공사 포크, 선교
사 알렌Horace N. Allen, 아펜젤러Henry G. Appenzeller, 스크랜턴Mary F. Scranton,
헤론John W. Heron, 언더우드Horace G. Underwood, 그리고 조선 정부와 계약
을 맺고 외교고문으로 일하고 있던 데니Judge O. N. Denny와 세관을 담당하
는 메릴Henry F. Merrill 등이었다. 조선 정부가 헐버트를 비롯한 미국인 교
사를 초청하도록 깊게 관여한 초대 주한 미국공사 푸트는 공사직을 사
임하고 서울을 떠난 뒤였다.

헐버트 일행은 힘든 항해를 마치고 1881년 7월 5일 제물포항에 도착
하였다. 23살의 청년, 헐버트가 드디어 이 땅에 첫발을 내딛은 것이었다.

1880년대의 제물포항

20대의 헐버트

　1886년 6월 1일 헐버트, 벙커 및 아내를 동반한 길모어 등이 샌프란시스코항에서 배를 타고 조선을 향해 출발하였다. 태평양을 건너 중간 기착지인 요코하마에서 배를 갈아타고 대한해협을 건너 제물포항에 도착하였다. 문호를 개방을 하고 난 뒤에 외국인들이 상당수 내한했으나, 서울에 정착하는 외국인은 많지 않았다. 헐버트 일행은 미국인들의 따뜻한 환영을 받으며 낯선 서울에서의 삶을 시작하였다. 헐버트는 벅찬 가슴을 안고 조선에 도착하였다. 교사 파견을 준비하다가 갑신정변의 여파로 막연하게 2년간 기다린 것은 한참 활동적인 일을 하던 청년에게는 힘든 일이었다. 언제 파견이 재개될지 모르는 불확실함에서도 묵묵히 준비를 하던 그에게 기회가 온 것이었다.

　헐버트 일행은 서울 정동에 자리를 잡았다. 그 무렵 서울의 상황은 좋지 않았다. 콜레라가 발생하여 많은 사람들이 죽어나가고 있었다. 전염병은 헐버트 일행에게 낯선 나라에서 두려움을 갖게 만드는 치명적인

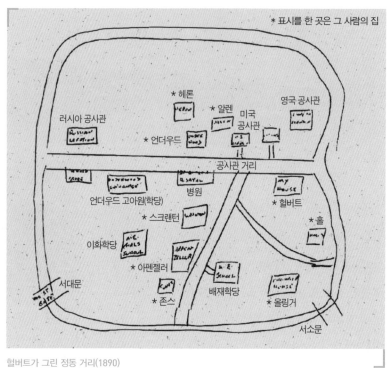

＊표시를 한 곳은 그 사람의 집

러시아 공사관

＊헤론

＊알렌

미국 공사관

영국 공사관

＊언더우드

공사관 거리

언더우드 고아원(학당)

병원

＊헐버트

＊스크랜턴

＊홀

이화학당

아편젤러 ＊아펜젤러

배재학당

서대문

＊존스

＊올링거

서소문

헐버트가 그린 정동 거리(1890)

질병이었다. 헐버트 일행은 불안한 마음에서 나오는 공포심을 이겨내며
육영공원 개교를 위한 준비를 하였다.

그러나 헐버트 일행의 의욕과는 달리 개교 준비가 거의 되어 있지 않
았다. 위안스카이를 앞세운 청국의 간섭을 견제한다는 목적이 너무 강
하다보니 학교 설립을 꼼꼼히 준비할 시간적 여유가 거의 없었기 때문
이다. 학교 시설은 강의실 나무 바닥에 작은 교단과 칠판이 전부였다.
형편없는 책상과 등받이가 없는 긴 벤치 형식의 의자가 있을 뿐이었다.

육영공원

그런데 이보다 더 큰 문제는 학교를 어떻게 운영할 것인가에 대한 방안
이 전무했다는 점이다. 근대식 학교의 성격과 방향에 대한 조선 정부의
구상은 공백 상태에 가까울 정도였다. 급하게 미국인 교사를 초빙하기
는 했으나, 조선 정부에 근대 학교 운영에 대한 전문가가 없었다. 학교
를 준비할 만한 역량 부족이 가장 큰 원인이었다.

따라서 헐버트와 동료 교사들이 학교 개교를 준비하며 시급하게 준
비한 것은 학교 운영 전반에 대한 내용을 담은 '육영공원 절목節目'을 만
드는 것이었다. 이 과정에서 헐버트와 동료 교사들은 주어진 시간을 최
대한 활용하여 머리를 맞대고 미국의 교육 시스템을 파악하고 이를 조
선의 교육 현실에 어떻게 적용할 것인가를 고민하였다. 그리고 학생들
이 배울 과목을 구체적으로 선정하였고, 학생 모집 및 재원財源 마련 등
을 준비하였다. 단순히 가르치는 것만이 아니라 학교 운영에 관한 전반

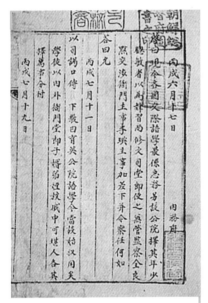

육영공원의 규칙과 절목 등을 기록한
「육영공원 등록」

적인 사항을 마련해야 했다.

육영공원은 미국인 교사들의 노력으로 짧은 시간 내에 총 18개조에 걸친 최초의 근대식 학교 체제인 절목을 만들었다. 헐버트는 내한을 기다리며 2년 동안 미국의 공립학교 조직과 운영과 교과서에 대한 공부를 하였다. 이러한 경험이 육영공원 절목을 만드는 데 큰 도움이 되었다.

조선 정부는 1886년 9월 13일에 절목을 확정하여 학교 운영에 관한 제반 규칙을 발표하였다. '육영공원 절목'에는 학교 운영과 관련된 규칙

들이 비교적 구체적으로 규정되었다. 그 내용은 교사와 교습의 구성, 우원右員과 좌원左員의 입학, 분반, 대상 학원의 제한 연령, 운영에 필요한 재원의 마련, 학원의 일일생활 및 강의 시간, 방학의 설정, 출결 규정, 교과목 등에 대한 것이었다.

학교 관리는 수문사修文司의 당상堂上과 주사主事가 맡았고, 교육은 미국인 교사 3명과 보조교사에 해당하는 교습敎習이 담당하였으며, 문무 현직 관료 중에서 선발된 학생들을 수용하는 '좌원'과 양반 자제에서 선발된 학생들을 수용하는 '우원'의 2개 반을 두었다. 좌원은 집에서 통학하게 하고, 우원은 기숙사에서 생활하게 하며, 모든 운영비는 호조戶曹와

선혜청에서 반반씩 공동 부담하기로 하였다. 수업시간을 비롯해, 학생들은 양력과 음력을 참조하여 정한 방학 외에는 결석할 수 없었다. 시험은 월과月課, 계고季考, 세시歲試, 대고大考인데, 월과와 계고는 매달 마지막 날, 세시는 연말, 대고는 3년마다 시행할 것을 규정하였고 대고에서 우수한 성적으로 뽑힌 자는 관직을 제수받도록 하였다. 헐버트와 동료 교사들이 구상한 육영공원은 단순한 영어 교육기관이 아니라 높은 수준의 과목을 가르치는 고등교육기관이었다.

헐버트 일행은 열악한 환경을 탓할 시간이 없었다. 육영공원 개교를 위해 해결해야 할 문제들이 너무 많았기 때문이다. 초라한 시설과 교육 방안 부재라는 현실에서 조선 관료들과 함께 협력하여 육영공원 설립을 위한 원칙을 만들었다. 이러한 원칙들은 과거에 급제한 관리와 양반집 자제들에게 서양식 교육을 가르칠 수 있는 합법적 근거가 되었고, 장차 외국과의 교류에 활동할 인재의 배출을 목적으로 1886년 9월 23일에 육영공원을 개교할 수 있었던 배경이 되었다.

육영공원 교육활동

육영공원의 강의는 대부분 영어로 진행되었다. 처음 학교가 개교했을 때 영어를 아는 사람이 없었기 때문에 헐버트와 동료 교사들은 알파벳부터 시작하였다. 동문학에서 영어를 배운 경험이 있는 교습이 미국인 교사들을 도왔다. 그러나 미국인 교사들은 얼마 지나지 않아서 학생들을 위해 교습들의 도움을 받지 않기로 결정하였다. 학교 설립의 목적 중

육영공원의 교재로 사용된 영어교과서

하나가 학생들이 영어를 능숙하게 사용할 수 있도록 가르치는 것이었기 때문이다. 학교 안에서는 철저하게 영어를 사용하여 학생들로 하여금 영어를 많이 사용할 수 있는 환경을 만들고자 하였다.

헐버트와 동료 교사들은 한국 생활에 적응하고 학생들을 잘 가르치기 위해서는 무엇보다도 한국어를 배우는 것이 중요하다고 생각하였다. 특히 헐버트는 한국어를 배우는 속도가 다른 동료 교사들에 비해 월등히 앞서 나갔다. 그는 입국한 지 열흘 만인 1886년 7월 중순부터 한국어를 체계적으로 공부하기 시작하였다. 일부러 영어를 모르는 한국인 선생님을 구해서 회화 연습을 하였다. 헐버트는 매일 한국어를 사용하려고 하였다. 그 결과 그는 몇 달 만에 한국어로 한국인들과 논리적인 대화를 나눌 수 있을 정도가 되었다. 그가 한국어를 열심히 배운 것은 학생들을 잘 가르칠 수 있을 뿐만 아니라 한국 사회와 문화를 잘 이해할 수 있다는 인식의 필요성에서 비롯된 것이기도 하였다.

육영공원은 개교 이후 이미 문과에 급제한 문무 관리인 좌원과 아직 등과하지 못한 우원으로 구분되었다. 초기에는 좌·우원 모두 성실하게 공부하였다. 헐버트는 그런 학생들을 보며 "학생들이 책의 내용을 완벽하게 이해할 정도로 열심히 공부했고, 교사들의 지적이나 지도에 의해서가 아니라 자진해서 열심히 하며 출석률도 대단히 좋았다"고 평가할 정도로 대단히 긍정적으로 인식하였다. 그는 학생들의 적극적인 모습을 보면서 교사로서 보람을 크게 느끼며 만족해하였다. 헐버트가 누이동생에게 보낸 편지에서 이러한 생각이 잘 드러난다.

> 우리 학교는 지금 잘 돌아가고 있다. 첫 2주일은 아주 성공적이었고 열의는 전혀 줄어들 기미가 없다. 내무대신과 부 대신은 여전히 정기적으로 출석하고 다른 누구 못지않게 빠르게 배우고 있다. 오늘 그들은 "Six men will come to the house tomorrow(여섯 명이 내일 집으로 갈 것이다)"와 같은 문장을 익혔다. 그들은 놀라운 기억력을 가지고 있다. 그들은 온화하고 매우 사랑스런 사람들이란다. 수상한 점은 전혀 보이지 않는다. 우리는 그들과 아주 친밀한 사이가 되었다. 나는 9시부터 10시까지, 그리고 2시부터 3시까지 가르친다. 학과와 무관한 독서 등을 할 시간이 많이 있다.
>
> 우리가 지금 여기서 얼마나 근사하게 지내고 있는지 너는 상상하기 힘들 것이다. 우리는 아주 완전한 조화를 이루고 있고, 일은 즐거우며, 고되지 않다. 여기에는 교제할 친구들이 많이 있다. 여기서 일주일 동안 나는 뉴욕에서 했던 것보다 더 많은 가정 방문을 한다.
>
> - 1886년 10월 2일에 쓴 편지의 일부

헐버트는 학생들이 열정을 멈추지 않고 열심히 공부를 하며 기억력이 매우 뛰어나다고 평가하였다. 그리고 영어문장을 완벽하게 이해하게 되었다고 하였다. 그는 누이동생에게 자신의 교육활동을 일종의 사명使命으로 생각하고 이에 보람을 느끼며, 희망을 갖게 되었다고 하였다. 여기에는 헐버트의 남다른 교육관이 전제되고 있었다. 그는 학생들의 학문적 발전과 더불어 교사가 학생들의 신임을 얻고 그들과 친분을 쌓는 것이 중요하다고 여겼다. 이를 통해 학교 교육이 성공적으로 이루어지는 것이라고 보았다. 그는 어머니에게 드린 편지에서도 다음과 같이 밝혔다.

우리 학교는 꼭 2주일간 운영되어 왔는데 우리가 아는 한 그것은 분명한 성공입니다. 물론 판단하기에는 아직 이르지만, 우리가 학생들의 호의를 얻고 있고 그들은 우리가 자신들의 이익을 위해 일하고 있다는 것을 알고 있다는 것은 분명합니다. 그들은 우리를 매우 좋아하고 우리도 그들을 좋아합니다. 그래서 저는 학교가 일행 모두에게 즐거운 곳이 될 것이라는 것에 대해 조금도 의심하지 않습니다. 이것은 우리가 성취한 중요한 하나의 걸음입니다. 우리는 학생들과 친밀한 관계를 유지하고 있습니다.

－1886년 10월 6일에 쓴 편지의 일부

헐버트는 한국어 학습과 함께 식물학과 생리학, 화학 등 자연과학 분야에 대한 체계적인 학습도 병행하였다. 이는 육영공원이 단순히 영어교육에 머무르지 않고, 최고의 고등교육기관으로 성장하기 위해 반드시필요한 분야였다. 개교 초기에는 주로 글쓰기 수업을 가르쳤으나, 학기가 지나갈수록 수학·자연과학·역사·정치학 등을 가르치게 되었다. 그는 학생들이 단순히 영어만을 잘하는 것이 아니라 인문학적 소양을 지닌 근대 지식인으로 성장할 것을 기대하였다. 이를 통해 육영공원이 크게 발전하고, 자신들의 교육 활동을 통해 영어를 포함하여 근대문화를 이해하고 이를 이끄는 인재가 많이 배출되기를 희망하였다.

고종은 헐버트와 동료 교사들의 활동에 큰 기대감과 각별한 관심을 가지고 후원하였다. 미국인 교사들에게 왕실의 말을 하사하거나 자신의 생일에 선물을 보내기도 하였다. 이 과정에서 그는 고종이 미국식 학교 체제를 도입한 육영공원 설립과 함께 국내 각지에 근대식 학교의 설립 계획 의지를 확인하였다. 이처럼 그의 초기 교사 활동은 스스로가 성공적이라고 자평할 정도로 고무적이었다. 학생들은 열정적인 교사들의 모습을 보며 자신들을 위해 열심히 가르친다는 것을 인식하고 미국인 교사들을 호의적으로 대하였다.

헐버트는 학생들의 높은 교육열을 보면서 학교에 희망이 있다고 보았으며, 조선 정부에 더 많은 학생을 선발할 것을 건의하였다. 헐버트가 조선의 근대화를 책임질 인재를 양성하는 것이 자신들의 사명이라고 인식하고 있었기 때문이다. 1889년 초에는 학생 40명 추가 선발을 요구하였고, 이는 즉각 받아들여졌다. 이에 따라 새 학기부터 학생 40명이 추가로 선발되어 배정되었다.

한글 지리 교과서인 『ᄉᆞ민필지』를 출간하다

헐버트는 학생들을 가르치면서 교과서 문제로 어려움을 겪었다. 미국에서 미리 교과서를 준비하기는 했지만, 미흡할 수밖에 없었다. 그는 교사로 재직하면서, 지리학·역사·수학·정치·경제학·국제법 등 고등교육에 필요한 기본적인 저작을 일반인에게 소개하면서 교과서로 사용하기 위해 한국어 번역을 준비하였다. 그는 먼저 학생들에게 쉽게 다가갈 수 있는 과목이 무엇인가를 고민하였다. 그 과정에서 당시 조선인에게 가장 필요한 것이 세계지리이며, 일반적인 지리학의 범위를 넘어서 정치·경제·사회 등에 대한 내용도 포함되어야 한다고 생각하였다. 또한 세계지도의 조감도, 개별 국가가 이룬 부富와 문화, 국력의 정도를 한눈에 알 수 있어야 한다고 보았다.

그는 지리학이 담고 있는 개괄적이면서도 상세한 지형을 우리말로 번역하였다. 그는 언어 선생님의 도움을 받아가며 책을 번역하였다. 그 결과 최초의 순 한글 교과서인 『ᄉᆞ민필지士民必知』를 집필할 수 있었다. 책 출판 무렵 헐버트는 외부대신을 만난 자리에서 자신이 출판하려는 책의 목적과 기대효과 등을 설명하였다. 이에 대해 외부대신이 "이런 책이 현재 조선인에게 가장 필요한 책이다"라며 출판에 적극 호응하겠다고 하였다. 이 책은 1890년에 출판된 것으로 알려져 있다.

『ᄉᆞ민필지』에서 다룬 내용은 영역(폭원, 수리적 위치, 경계), 지형(산, 강, 평원), 기후, 산물(초목, 가축, 곡식, 지하자원), 국체國體와 행정 및 사법, 인구·민족·언어, 수도와 도시, 산업, 무역(수입, 수출), 국세國稅, 재정, 군사

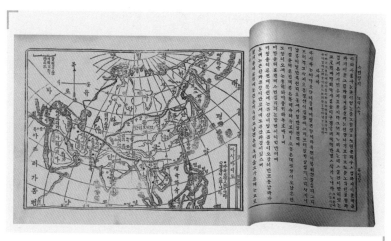

「ᄉ민필지」 본문

(육해군), 교육제도, 종교, 대외 정책, 도로의 사정과 교통 등이었다.

　당시로서는 정보가 정확하고 서술 방식이 조직적이라는 점에서 우수한 지리서였다. 전반적인 내용이 '국제이해 교육'이란 측면에서 출판된 세계지리 교과서답게 각국의 차이점과 지역적 특색, 문제점 등을 중심으로 서술하고 있다는 특징을 갖고 있었다. 『ᄉ민필지』는 학생들이 수업시간에 보인 세계지리에 대한 호기심과 관심에 대한 부응이기도 하였다. 이는 당시 육영공원의 학생들이 서양의 근대문물을 빠르게 받아들이고 세계가 어떻게 움직이는지 알고자 하는 열망이 얼마나 크게 작용하고 있었는가를 상징적으로 보여준다.

　길모어는 육영공원 학생들이 가장 흥미를 가졌던 과목이 지리였고, 만국지리를 배우자 눈을 크게 뜨게 되었다고 회고하였다. 『ᄉ민필지』의

서문에는 출간의 목적이 다음과 같이 잘 나타나 있다.

천하 형세가 옛날과 지금이 크게 같지 아니하여 전에는 각국이 각각 본
지방을 지키고 본국 풍속만 따르더니 지금은 그러하지 아니하여 천하만
국이 언약을 서로 믿고 사람과 물건과 풍속이 서로 통하기를 마치 한집안
과 같으니 이는 지금 천하 형세의 고치지 못할 일이라. 이 고치지 못할 일
이 있는 즉 각국이 전과 같이 본국 글자와 사적만 공부함으로는 천하각국
풍습을 어찌 알며 알지 못하면 서로 교접하는 사이에 마땅치 못하고 인정
을 통함에 거리낌이 있을 것이오. 거리낌이 있으면 정의가 서로 두텁지
못할지니 그런즉 불가불 이전에 공부하던 학업 외에 각국 이름, 지방, 폭
원, 산천, 산야, 국경, 국세, 재화, 군사, 풍속, 학업과 도학이 어떠한가를
알아야 할 것이다. 이런고로 대저 각국은 남녀를 막론하고 칠, 팔세가 되
면 천하 각국 지도와 풍속을 가르친 후에 다른 공부를 시작하니 천하의
산천, 수륙과 각국 풍속, 정치를 모르는 사람이 별로 없는지라. 조선도 불
가불 이와 갖게 한 연후에야 외국 교접에 거리낌이 없을 것이요. 또 생각
건대 중국 글자로는 모든 사람이 빨리 알며 널리 볼 수가 없고 조선 언문
은 본국 글일뿐더러 선비와 백성과 남녀가 널리 보고 알기 쉬우니. 슬프
다. 조선 언문이 중국 글자에 비하여 크게 요긴하건마는 사람들이 요긴한
줄도 알지 아니하고 오히려 업신여기니 어찌 안타깝지 아니하리오. 이러
므로 한 외국인이 조선말과 언문법에 익숙지 못한 것에 대한 부끄러움을
잊어버리고 특별히 언문으로서 천하각국 지도와 목견한 풍기를 대강 기
록한다. 땅덩이와 풍우박뢰의 어떠함을 먼저 차례로 각국을 말씀하니 자

세히 보시면 각국 일을 대충은 알 것이요. 또 외국교접에 적이 긴요하게 될듯하니 말씀의 잘못됨과 언문의 서투른 것은 용서하시고 이야기만 보시기를 그윽이 바라옵나이다.

세계의 양상에 대한 이해와 세계 교류에 대한 필요성 이외에도 한글의 의미를 지적한 부분이 눈에 띈다. 한글이 한자와 비교했을 때 너무나 편리하고 탁월한 글자임에도 불구하고 오히려 그 평가를 제대로 받지 못하고 있는 점을 지적하였다. 헐버트는 한글의 우수성을 누구보다도 인정하고 있었다. 이것이 바로 근대식 교과서를 순 한글로 최초로 서술하게 된 이유였다. 이를 통해 그는 한글의 우수성을 알리고, 한국인들에게 국제 교류에 필요한 기본 지식을 제공하고자 하였다.

물론 『스민필지』에도 여러 가지 문제점이 있었다. 당시 기독교적 사고방식이 갖고 있는 한계를 그대로 담고 있어서 지구의 형성연대와 만물의 창조설 등을 여러 곳에서 원색적으로 나타나고 있거나, 근대 계몽을 위해 유럽에 대한 지나친 찬양과 서양식 계수법의 채택 등 서구 중심의 시각으로 서술되었다.

그러나 이러한 한계에도 불구하고, 이 책이 한국 사회에 미친 영향을 과소평가할 수 없다. 지리에 관한 인식은 곧 세상을 어떻게 인식할 것인가와 직접적으로 연결되어 있다는 점에서 더욱 그러하다. 그동안 청국과 일본 정도만 알고 있던 한국인들에게 협소한 공간 인식을 넘어 바깥 세상인 국제사회를 본격적으로 인식하고 이해할 수 있는 계기를 제공했다는 점에서는 의의를 가진다.

책의 내용에는 세계지리 교육에 유용한 자료가 담겨 있었고, 한글로 되어 있어서 일반 대중들도 쉽게 읽을 수 있었다. 이를 통해 한글의 우수성을 입증시켰을 뿐 아니라 국제교류에 대처하기 위해 국제이해 교육의 중요성을 한국 사회에 인식시킨 것이었다. 이는 당시 한국인들이 국제사회와 각국에 대한 정보와 교류에 대한 지적 호기심과 교류 등의 필요성, 그리고 국제사회에서의 활동 등을 모색하게 하는 배경이 되었다.

『스민필지』는 갑오개혁 이후에 발간된 지리 교과서의 발간에 직간접적으로 영향을 미쳤다. 1909년에 3판이 나온 후 국민들의 사상에 자극적이라는 이유로 일제 통감부에서 출판 판매 금지를 내릴 때까지, 한국의 지리 교육과 한국인의 국제이해 교육의 기본 교재로 활용되었다.

헐버트는 이후 교육 현장에서 지속적으로 이 책을 사용하였다. 그는 삼문출판사에서 근무한 이후 다시 한성사범학교에 재직하였고, 이때 정부가 세운 영어 학교에서도 재직하였는데, 여기에서도 『스민필지』를 지리 교과서로 사용하였다. 이런 점에서 『스민필지』는 시대적인 한계를 지니고 있지만, 한국인들에게 그동안 협소한 '안 세상'을 넘어 '바깥 세상'을 인식하는 국제이해 교육의 지침서 역할을 하였고, 대중들로 하여금 세계에 대한 보편적인 인식을 할 수 있도록 크게 기여했다는 점에서 그 의미가 크다.

육영공원 운영의 위축과 교사 사임

고종의 관심과 학생들의 열성적인 출석이 이어지면서 육영공원은 정상적으로 운영되었다. 헐버트는 동료 교사들과 함께 학생들을 열심히 가르쳤다. 그의 계약 기간은 2년이었고, 1888년 4월에 1차 계약기간 만료 시점이 되었다. 당시 정부는 육영공원의 존폐 문제와 관련하여 계약연장 결정을 내리지 못했다. 상대적으로 많은 운영비에도 불구하고 육영공원의 성과가 눈에 띄게 나타나지 않았다는 것이 주요한 이유였다.

헐버트는 1차 계약 만료 시점 이전부터 주한 대리공사인 딘스모어 Dinsmore를 만나 한국에 계속 남기를 원한다는 뜻을 고종에게 전달해 줄 것을 요청하였다. 많은 학생들이 발전하는 모습을 보면서 자부심과 보람을 느낀 그는 한국을 떠나게 되는 것을 매우 아쉽게 생각하였다.

계약 연장으로 고민하던 헐버트는 3년 연장 계약에 성공하게 되었다. 그리고 미국에 있는 메이May Belle Hanna와 결혼하기 위해 7월 무렵에 한국을 떠났다가 그해 11월에 다시 한국에 돌아왔다. 그런데 그를 맞이한 것은 육영공원의 성공을 방해하려는 관리들의 조직적인 움직임이었다. 헐버트는 육영공원의 위기를 직감하고 있었다. 그는 자신의 일에 대한 열정으로 닥쳐온 위기를 극복하고자 노력했다. 그 과정에서 일어난 관리들과의 불화도 각오할 정도였다.

육영공원 자체를 탐탁지 않게 보던 보수적인 관료들 중에 1882년 임오군란 때 민비의 피신을 도와 출세한 민응식이라는 인물이 있었다. 그는 개혁 성향을 가진 육영공원에 대해 초기부터 운영상의 방식을 문제삼는데『절목』이 제정된 지 얼마 지나지 않아 특정한 이유도 없이 갑자기 영어 과목을 6시간에서 4시간으로 줄이려고 하였다. 육영공원은 기상부터 취침까지 기숙사에서 주로 생활하면서 영어 학습에 전념하는 체제였다. 영어 강의시간을 줄인다는 것은 그만큼 교육 효과를 떨어뜨리는 것으로, 이는 육영공원 성과에 직접적으로 연결되는 중요한 문제였다. 헐버트와 동료 교사들이 타협할 수 없는 부분이었다.

민응식은 고종을 알현할 수 있는 특권을 이용하여 고종에게 '미국인 교사들도 시간 축소를 원한다'는 거짓 보고를 하여 마침내 강의 시간을 4시간으로 단축시키고 말았다. 이에 분개한 헐버트는 이들의 거짓 행위에 대해 고종에게 재차 상소를 올렸으나, 강의 시간은 다시 회복되지 못했다. 게다가 보수적인 관료들의 파행적 태도는 육영공원의 운영을 더욱 어렵게 만들었다. 고종은 육영공원 설립 초기에는 많은 관심을 가졌으나, 보수적 관료들의 편향된 보고로 인해 육영공원이 어떻게 운영되고 있는지를 제대로 파악하지 못하고 있었다.

이외에도 교사들을 힘들게 한 것은 급료의 잦은 연체였다. 급료 미지급은 헐버트의 타국생활을 힘들게 하였다. 이는 정부의 재정적 어려움이 원인이었다. 육영공원의 교사 급료는 조선 해관海關 수입을 기반으로 하고 있었다. 이런 상황에서 조선 해관에 대한 청국의 영향력이 컸기 때문에 자금 운용의 어려운 현실이 계속되었다.

이러한 상황은 열정 하나로 재계약을 원한 헐버트에게 많은 어려움을 안겨 주었다. 헐버트는 2차 계약기간 만료에 앞서 힘든 여건 속에서도 여전히 한국에 남기를 희망하였다. 그는 누이동생으로부터 미국에 돌아와서 교육 관련 활동을 할 수 있는 일을 제안받기도 하였다. 그는 한국과 자신이 하고 있는 일을 사랑하기 때문에 제안을 거절하였다. 그는 『ᄉ민필지』를 출판하고 교사로서 학생들에 대한 열정과 교육활동을 노력하고 있다고 생각했기 때문에 계약 종료 직전까지도 계약 갱신을 당연하게 생각하고 있었다. 그의 간절한 희망에도 불구하고 재계약은 성사되지 못했다. 결국 그는 1892년 1월에 미국으로 떠나게 되었다.

여기에는 보수적 관료들의 방해 공작이 작용하고 있었다. 육영공원 관리들은 1891년에 학교가 사용하고 있는 건물의 소유권을 독일 영사 소유로 변경해 버렸다. 그 결과 육영공원이 박동礴洞으로 이전하게 되면서 헐버트의 주거지가 사라지는 문제가 발생하였다. 이 문제를 해결하기 위해 헐버트는 정부에 작은 집이라도 좋으니 완전한 집을 제공하거나 아니면 집세 명목으로 매달 얼마간의 금액을 요청하였지만, 그의 요구는 묵살되었다. 결국 이에 대한 항의 표시로 헐버트는 교사직을 사임할 수밖에 없었다. 그런데 이 일은 이미 예견된 것이었다. 미국 공사와 조선 정부의 외무협판 사이에 그가 집에 입주하는 데 문제가 생긴다면 평소 탐탁지 않은 그를 내보내기로 이미 합의가 된 상태였다. 이런 의도를 파악한 헐버트는 사임하고 귀국길에 오르게 된 것이다.

헐버트가 교사직을 그만두게 된 것은 역설적이게도, 그가 쏟은 열정 때문이었다. 열의를 갖고 공부하여 능숙한 한국어 실력을 갖게 된 그는 고종의 신임을 받았다. 기회가 있을 때마다 육영공원 발전과 성공에 도움이 되는 '교육에 관한 생각'을 제안하였고, 고종 역시 이를 적극 수용하고자 하였다. 그런데 이 과정에서 육영공원의 관리들과 불화가 생겨났다. 그들에게 헐버트가 귀찮은 인물로 비쳐졌기 때문이다. 불필요하게 일을 만들어 자신들을 힘들게 한다고 보았던 것이다.

헐버트는 이 문제에 대해 홀가분하며 결과와 상관없이 이와 관련된 문제가 마무리되어 기쁘다고 보았다. 당시 육영공원이 갖고 있던 문제점을 지적한 그는 일시적 혼란을 넘기기만 하면 학교가 다시 성공적인 궤도에 오를 것이라는 희망적 메시지를 남기고 미국으로 돌아갔다. 그러나 그의 바람과는 정반대로 육영공원은 1895년 4월에 결국 문을 닫고 말았다.

그의 육영공원 교사생활은 고군분투의 연속이었다. 파견 일정이 2년간 늦어진 것도 힘들었지만, 헐버트는 그 기간을 오히려 준비하는 기회로 삼았다. 이후 2년 뒤에 동료들과 조선에 왔으나, 당시 상황은 대단히 열악하였다. 파견된 관리들이 있었지만 학교 전반에 대한 준비를 거의 혼자 도맡아서 해야만 했다. 또한, 동료 교사 중 길모어는 재정적 압박을 견디지 못하고 1차 계약 이후 귀국해 버렸고, 벙커는 한국어에 서툴러 학생들과 불화가 있거나 학생들 교육활동에 큰 제약이 있었다.

이런 상황에서 최선을 다해 육영공원을 발전시키기 위해 교과서를 출판하는 등 노력하였으나, 너무 열심히 일하는 그를 부담스러워 하는 관료들의 방해로, 결국 학교를 떠날 수밖에 없었다.

한국의 역사와 문화를
재발견하다

삼문출판사 운영과 언론출판 활동

아쉬움을 남기고 미국으로 돌아간 헐버트는 2년 뒤에 한국에 다시 오
게 되었다. 이 과정에는 당시 국내 감리교 선교사들의 역할이 크게 작
용하였다. 그는 휴가차 펜실베니아에 온 미 감리회 선교사 아펜젤러H.G.
Appenzeller를 만나게 되었다. 헐버트는 비록 몸이 미국에 있으나, 마음 한
구석에서는 늘 한국을 잊지 못하고 있었다. 아펜젤러는 그의 한국 사랑
을 확인하고, 국내 귀환을 요청하였다. 헐버트가 기다리던 가장 기쁜 소
식이었다.

　1893년 3월 당시 삼문三文출판사 책임자인 올링거Franklin Ohlinger 선교
사가 활동 무대를 싱가포르 지역으로 옮기게 되었다. 감리회 선교회에
서는 올링거를 대신하여 출판 및 인쇄사업을 담당할 적합한 인물을 찾

올링거 선교사

기가 어려운 상황이었다. 특수한 분야인 출판 및 인쇄업을 경험해 본 선교사가 거의 없었기 때문이다.

때마침 이런 상황에서 아펜젤러가 미국에서 헐버트를 만나게 된 것이다. 아펜젤러는 이미 육영공원 교사 시절에 보인 헐버트의 탁월한 글솜씨와 출판에 대한 열정을 주목하고 있었다. 그는 망설임 없이 헐버트를 삼문출판사 담당자로 미 감리교 본부에 추천하였다. 한국에 다시 갈 수 있기를 기다리던 헐버트는 아펜젤러의 제의를 기쁘게 받아들였다.

이로써 헐버트는 한국 선교를 위한 감리교 선교사로 정식 파송을 받고 다시 한국에 오게 되었다. 선교사를 제안받았을 무렵, 그는 장로교 선교사 언더우드의 추천으로 버나드대학 총장 자리에 제안을 받은 상태였다. 그러나 어떤 것도 그의 한국행을 막을 수는 없었다. 그만큼 한국을 다시 가겠다는 열망이 강했다. 헐버트는 총장 자리를 포기하고, 한국행을 선택하였다.

1893년 10월 1일, 선교사 신분으로 한국을 다시 찾은 헐버트는 배재학당에 설치된 삼문출판사의 책임자가 되었다. 삼문출판사는 아펜젤러가 배재학당에 근대식 인쇄시설을 갖추고 중국에서 문서선교활동을 하던 올링거를 초빙하면서 시작되었다. '삼문출판사The Trilingual Press'란 이름은 한글, 한문, 영어 등 3개 언어로 출판한다는 뜻이다.

올링거는 상해에서 32면을 찍을 수 있는 인쇄기를 1889년 1월에 구입하였고, 일본에서 한글과 영문 활자 주조기를 도입하여 본격적인 출판활동을 펼쳤다. 영문활자의 도입은 한국인들과 함께 선교사들을 위해서도 출판이 이루어져야 한다는 필요성에서 비롯되었다. 헐버트는 육영공원 교사 시절에는 『ᄉᆞ민필지』를 한글로 직접 집필한 경험도 있었다. 이런 점에서 그는 국내 선교사들 중에서 출판사를 운영할 수 있는 가장 적합한 인물이었다. 그는 국내에 들어올 때 미국에서 구입한 신식 인쇄기를 들여와 인쇄기의 성능을 크게 높였다. 한국에 다시 오기 전 출판에 대한 준비를 철저하게 하고 들어 온 것이었다.

헐버트는 1895년에 상해에서 대량으로 자모를 구입하여 인쇄시설을 대폭 늘렸다. 제본소를 따로 설치하고 교회 관계 출판물만 아닌 일반 서적도 함께 출판하는 등 출판 영역을 확장하였다. 그리고 잠시 정간 상태에 있던 *The Korean Repository*(한국소식)도 다시 발행하였다. 1900년에는 미국에서 5,000 달러의 기부금을 받아 출판사 규모를 다시 넓혀 보충하였다. 1902년에는 출판사를 배재학당에서 정동교회로 옮겼고, 1904년에는 출판사가 완전히 자립할 수 있을 정도로 양호한 운영 상태를 유지하였다.

한편, 헐버트는 독립협회가 펴낸 『독립신문』 제작에도 참여하였다. 그는 1893년부터 1897년까지 삼문출판사를 운영하면서 인쇄와 출판에 대한 많은 경험을 축적하였고, 한글의 우수성을 누구보다 정확하게 알고 있는 인물이었다. 이 시기에 갑신정변의 주역 중 한 사람인 서재필徐載弼이 미국에서 돌아왔다. 그는 갑신정변의 실패를 거울삼아 국민의 계몽과 사회 개혁을 위해 언론이 반드시 필요하다는 점을 깊이 인식하고 있었다. 헐버트는 서재필을 만난 자리에서 신문 제작에 관한 그의 열정적인 계획을 듣게 되었다. 뒷날 그의 회고에 의하면, 언론과 국민계몽의 중요성을 잘 알고 있던 그는 서재필의 협조 요청을 받고, 그 자리에서 지원하기로 결정하였다고 한다. 서재필이 귀국한 지 얼마 되지 않아 『독립신문』을 발행한 것은 삼문출판사 시설과 이를 운영하던 헐버트의 전폭적인 지원이 있었기 때문에 가능한 일이었다.

이렇게 출판사 운영을 통해 헐버트는 한국 근대 출판계에 공헌하였다. 기독교 선교문서 출판 외에도 일반 서적과 교과서, 한국의 근대화에 지대한 영향을 미친 『독립신문』, 『협성회 회보』, 『매일신보』, 『경성신문』 등의 언론 간행 등에도 기여하였다. 그중에서도 『독립신문』의 간행은 당시 근대개화의 자강운동에 삼문출판사와 헐버트의 역할이 어떠했는가를 단적으로 보여준다. 『독립신문』은 한글판과 영문판을 발행하였다. 『독립신문』 탄생 초기에는 헐버트가 신문 제작과 함께 기사 작성도 담당하였고, 영문판은 실질적으로 헐버트가 편집인의 역할을 도맡아 진행하였다.

또한 1897년에는 헐버트의 동생 아처Archer B. Hulbert가 미국에서 건너와 『독립신문』 제작을 돕기도 하였다. 아처는 한국에 1년여 정도 살다가 미국으로 돌아갔다. 이것이 계기가 되어 그는 한국을 소재로 하여 『제주도의 여왕The Queen of Quelparte』이라는 소설을 쓰기도 하였다.

한편, 헐버트는 2년 동안 휴간되었던 영문 잡지인 The Korean Repository를 1895년부터 아펜젤러와 함께 공동으로 발행하였다. 그의 공식 직함은 '운영책임자Business Manager'였다. 1901년부터는 월간 영문 잡지인 *The Korea Review*(한국평론)를 간행하기 시작하였다. 당시 대표적인 영문 잡지였던 *The Korean Repository*와 『독립신문』 영문판은 1900년대 초에 폐간되었다. *The Korean Repository*는 1898년 말에 폐간되었고, 『독립신문』 영문판도 1900년 전에 폐간되었다. 이에 따라 한국에는 영자신문이나 영문 잡지가 하나도 간행되지 못하는 상황이 되었다. 그러자 영문 잡지의 출판을 요구하는 목소리가 높아졌다. 이에 호응하여 헐버트가 영문 잡지 *The Korea Review*를 출판한 것이었다.

이처럼 헐버트는 삼문출판사를 통해 기독교 관련 출판물을 비롯한 수많은 일반 서적과 교과서, 『독립신문』 등을 한글 및 국한문체, 영문 등으로 간행하였다. 이러한 활동은 기독교를 효율적으로 선교하는 차원을 넘어서 한글을 널리 보급하고 국민에게 근대적인 사상을 고취시켰으며, 우리의 사정을 대내외에 알리는 데 기여하는 결과를 가져왔다. 당시 삼문출판사는 그야말로 한국 근대 신문 혹은 언론의 산실이었다. 헐버트는 이러한 출판사를 실질적으로 운영하며 한국 근대 언론의 환경을 조성하고, 언론을 더욱 활성화시키는 중심적 역할을 담당하였다.

교육문제 인식과 교육활동

헐버트는 한국에서 잠시 선교사로 선교활동에 참여한 것 이외에 주로 교육가로 활동하였다. 한국에서 보낸 대부분의 시간을 교육활동에 쏟았다 해도 과언이 아니다. 이것은 무엇보다도 교육이 최우선적으로 이루어져야 한다는 그의 인식에서 비롯된 것이다. 그는 교육만이 나라를 지킬 수 있고, 근대 문명사회를 달성할 수 있다는 교육입국敎育立國 정신에 바탕을 두고 있었다. 이를 위해서는 모든 국민이 쉽게, 골고루 교육을 받는 것이 중요하다고 보았다. 그가 대중의 언어인 한글로 책을 저술하고 가르친 이유였다.

앞서 살펴보았듯이, 헐버트는 육영공원의 교사로 활동하였고, 당시 교재의 빈곤 속에서 세계의 실정을 소개하는 『ᄉ민필지』를 발행한 경험이 있었다. 이후 한국을 다시 찾은 헐버트는 삼문출판사를 맡는 동시에 배재학당에서 학생들을 가르쳤다. 그는 배재학당에서 서재필, 이승만, 주시경 등 한국 근대사의 핵심적 인물들을 만났고, 그들과 친분을 쌓는 계기를 마련하였다.

헐버트는 한국 정부와 계약을 맺고 1897년 5월에 한성사범학교 책임자가 되었다. 주요한 업무는 근대 교육을 담당할 교사들을 양성하는 것이었다. 이와 함께 정부가 세운 영어 학교에서도 학생들을 가르쳤다. 헐버트는 선교와 출판에 종사하면서도 다시 교육계에 집중할 수 있게 되어 무척 기뻐하였다. 헐버트는 단순히 한성사범학교 교장에 그치지 않았다. 당시 나라의 교육을 책임지는 교육 최고 책임자에 버금가는 자리로, 육영공원 시절과는 달라진 위치였다. 고종과 정부의 교육 관리들은 교육의 중요성을 잘 인식하고 있는 헐버트에게 한성사범학교를 맡겼고, 근대교육에 대한 자문諮問을 구하였다.

한성사범학교에 이어 그는 1900년부터 관립중학교(지금의 경기고등학교)의 교사직을 맡았다. 그는 학생들을 가르치면서도 저술활동을 멈추

관립중학교에서 학생들을 가르치는 헐버트

지 않았다. 고종의 특사 자격으로 1905년 10월에 미국을 방문하기 위해
관립중학교를 사임할 때까지 교사로 활동하였다. 이 과정에서 헐버트는
그간의 경험을 통해 한국의 교육 현실의 문제점을 온몸으로 체험할 수
있었다. 이를 바탕으로 그는 나름대로 개선책을 정부에 제시하였다.

한성사범학교를 운영하던 중, 헐버트는 학교 시설뿐 아니라 학교 행
정에도 많은 문제가 있다는 점을 알게 되었다. 이에 그는 「학교개량 건
의서」를 작성하여 1898년 7월에 정부에 제안하였다. 이 건의서에서는
학생 충원의 제도적 조치, 학생 선발의 엄격성, 교사의 조교 선발권 등
학교 운영을 둘러싼 다양한 의견이 들어있었다. 건의서 마지막 부분에
서는 현재의 환경으로는 학교 운영이 제대로 이루어질 수 없고, 학교 운
영의 실패가 개인의 명예가 훼손될 뿐 아니라 정부의 재정을 낭비하는

결과가 될 수밖에 없음을 지적하였다. 정부가 재건의 의지가 없다면 차라리 폐교를 결정하는 것이 낫다고 건의하였다. 그의 건의에 대해 정부는 전향적으로 검토할 것을 밝히기도 하였다.

헐버트는 정부에 교육문제에 대한 의견 전달에만 머물지 않고 교육문제에 관한 자신의 생각을 적극적으로 표현하였다. *The Korea Review*에 쓴 논설에서는 한국 사회에서 교육에 대한 감소를 우려하면서 한국 정부가 젊은이들 사이에 교육에 대한 관심을 일으키도록 노력해야 한다고 촉구하였다. 이어 이 잡지에 실린 "The Educational Needs of Korea"라는 글에서는 한국 교육의 대중화에 대한 견해를 제시하였다. 이 글에서 그는 교과 내용이 중국적이며 과거지향적인 것을 벗어나 실용적인 방향이 되어야 한다고 하였다. 교육을 받은 사람에 대한 높은 급여가 제공되어야 하며, 교과서의 수량을 늘리고 무엇보다 한글의 우수성을 인정하면서 대중교육을 위해 한글 교과서가 적극 사용되어야 한다고 하였다. 또 교육을 담당하는 교사들에 대한 대우가 향상되어야 하며, 근대 교육을 담당할 교사 양성을 위한 사범교육의 기회가 더욱 확대될 필요성이 있다고 보았다.

헐버트는 이러한 차원에서 한성사범학교 때부터 교과서 편찬 작업까지 맡게 되었다. 그는 근대 학교 교육을 위한 교과서를 기획하였고, 이를 통해 많은 책을 발간하였다. 그의 회고록에 의하면, 1906년과 1908년 사이에 교과서 15권이 새로 발행되었다고 한다. 이 중에 하나가 바로 1906년에 출판된 『초학지지初學地誌』였다. 이 책은 미국인 선교사 밀러Mrs E.H. Miller의 부인이 만든 것으로, 헐버트가 감수를 맡았다. 그는 초학 지리

교과서가 부족한 현실에서 『초학지지』가 나오게 됨을 크게 기뻐하면서 책 서문을 쓰기도 하였다.

『초학지지』

이렇게 다시 내한한 헐버트는 여전히 교사직을 담당하며 다양한 교육 활동을 하였다. 교육의 현장에서 문제점을 확인하고, 이를 고치기 위한 개선책을 적극적으로 제시하였다. 교사 양성과 교과서 개발을 위해 의욕적으로 노력하기도 하였다. 그는 교육을 통해 나라를 다시 세울 수 있다는 교육입국 정신을 강조하였다. 아무리 형편이 힘들고 어려워도 학교를 널리 세우고 교육에 힘써 문명의 기초를 이루자는 주장은 현재에도 결코 포기할 수 없는 중요한 가치의 문제로 귀담아들어야 할 부분이다.

한국 역사 연구와 저술

헐버트는 처음 한국에 왔을 때부터 한국의 역사와 문화에 관심을 갖고 있었다. 한글을 배우고 난 뒤에 한문 공부를 익히게 된 그는 한문으로 된 역사책까지 공부하는 열성을 발휘하였다. 집중적인 공부를 통해 자신이 연구해 온 한국 역사에 대해 여러 권의 책으로 발표하였다.

그는 1901년부터 자신이 발행하고 있던 *The Korea Review*에 4년에 걸쳐 한국 역사에 대한 글을 발표하였다. 그리고 이를 모아서 1905년에 *The History of Korea*(한국사)라는 이름으로 출간하였다. 이듬해에는 근세편과 함께 한국의 사회, 문화, 풍습 등을 소개한 저서 *The Passing of Korea*(대한제국멸망사)를 영문으로 펴내기도 하였다. 1908년에는 『대한력ᄉ』라는 한글로 저술된 역사서를 출간하였다. 헤이그 특사 사건 이전에 상권과 하권으로 기획되었으나, 하권이 발견되지 않는 것으로 보아 이후에 하권의 출판이 금지된 것으로 보인다. 이 책은 영어로 된 *The History of Korea*의 한국어판이라고 해도 무방하다.

*The History of Korea*는 1905년에 총 2권으로 출간되었다. 각각 409쪽과 398쪽으로 800쪽이 넘는 분량의 책으로, 역사 자료에 근거하여 오랜 시간을 두고 서술하였다. 1권에는 단군조선부터 임진왜란 초기까지의 역사를 기술하였고, 2권에는 임진왜란 중기부터 정묘호란과 병자호란, 영·정조의 정치적·문화적 개혁기, 1904년의 러일전쟁까지의 역사를 왕력과 사건 순으로 상세하게 서술하였다. 이 책은 우리 민족의 역사를 총체적으로 종합하여 국제적으로 알린 최초의 역사서의 성격을 갖는다. 1900년대 격동기의 역사적 상황에서 외국인이 방대한 양의 역사를 체계적으로 기술했다는 자체가 놀라울 뿐이다. 한글과 한문을 익힌 그는 이 책을 작성하는 과정에 대해 다음과 같이 언급하였다.

나는 어느 한국인 학자의 도움을 받았다. 그는 과거 25년간 조선왕조의 역사를 연구하며 개인이 소장한 필사본 여러 권을 손에 넣을 수 있었다. 그 학자의 간곡한 부탁 때문에 이 책에 그의 이름을 밝히지 않겠다. 또한 나는 특별히 허락을 받아 서울에서 가장 규모가 크고 자료를 많이 갖춘

한국인보다 한국을 더 사랑한 미국인 헐버트

사설 도서관에 출입할 수 있었다.

위와 같이 이 책은 많은 사료에 근거하여 서술되었다. 그는 『동사강목東史綱目』, 『동국통감東國通鑑』, 『문헌통고文獻通考』와 같은 한문으로 된 역사서를 주로 참고하였다. 여기에 개인적으로 자료를 수집하여 이와 대조하며 서술하였다. 그리고 이미 연구를 하고 자료를 축적하고 있던 한국인 학자의 큰 도움을 받았다는 점도 밝혔다. 이외에도 그의 역사 서술을 도운 인물 중에 박면식이란 어학선생이 있었는데, 그의 역할도 컸다고 한다. 그는 헐버트에게 한글을 가르쳤고 한문으로 된 각종 교리서를 한글로 번역하는 일을 주로 도운 것으로 알려져있다.

헐버트의 The History of Korea는 우리 눈에 잘 보이지 않던 역사적 사건들의 이면과 새로운 시각을 보여줄 뿐만 아니라 역사 사료로서도 독특하고 중요한 의미를 지닌다. 무엇보다도 사료를 바탕으로 우리가 잊고 있거나 피상적으로만 알고 있는 사건들을 풍부한 표현력으로 '소설'처럼 서술하여 독자들에게 읽는 재미를 더했다. 명성황후 시해사건과 러일전쟁의 최대 격전지였던 제물포해전을 묘사한 대목은 한 편의 전쟁 영화나 드라마처럼 흥미진진하게 묘사하였다. 이 책은 『한국사, 드라마가 되다』는 제목으로 번역되어 2009년에 출간되었다. 당시의 살아 있는 기록들의 총합이라는 점에서도 그 의미가 크다.

헐버트는 The History of Korea를 출간하기 전에 1903년 11월에 중국 상하이에서 『대동기년大東紀年』이란 한문으로 서술된 역사책을 출간한 적이 있었다. 한문 서술은 한자문화권의 독자들을 대상으로 한 역

『대동기년』

사서임을 보여준다. 조선왕조를 다룬 최초의 역사서인 이 책은 모두 5권에 걸쳐 구성되어 있었다. *The Korea Review* 에 연재되던 조선왕조 부분만을 따로 모아 발간한 것으로 보인다. 이 부분이 *The History of Korea*의 내용으로 들어갔을 것으로 짐작된다. 이 책은 헐버트의 위촉을 받은 윤기진이란 인물이 한문으로 편찬한 것으로 알려져 있다.

그가 이 책을 상해에서 출판한 것은 영문으로 내기 전에 한문을 사용하는 외국인들에게 한국 역사를 알리자는 의도에서 비롯된 것이었다. 또한 당시 조선왕조를 취급하면서 내용이 몰고 올 파장을 고려한 것으로도 보인다. 비록 고종의 허락을 받아 출간된 것이라고 하지만, 고종대가 포함되어 있었기 때문에 역사적 내용에 매우 예민하게 반응한 사람들이 많았을 것이다. 이 점은 헐버트도 부담이 되었을 것이다. 그래서 먼저 상해에서 책으로 출간한 것으로 보인다.

이렇게 헐버트는 한국 역사를 연구하고, 이를 한문과 영문으로 저술하여 방대한 역사서를 출판하였다. 한민족의 역사를 국제적으로 소개한 최초의 인물이었다. 또 한글판 역사서를 통해서 한국인들도 스스로 자신들의 역사를 배우는 과정을 통해 애국애족의 정신을 키우도록 노력하였다. 역사학을 체계적으로 배운 역사학도가 아니었음에도 불구하고, 그는 당대 그 어떤 역사학자보다 역사적 자료에 근거하여 치밀하게

분석하고 해석하여 한국 역사를 서술함으로써 한국 역사 서술의 새로운
무대를 열었다고 해도 과언이 아니다.

한글과 아리랑의 재발견

헐버트는 한국에 와서 처음으로 한글을 배웠고, 배운 지 3년 만에 한글
교과서를 저술할 정도로 한국어 실력이 뛰어 났다. 육영공원 재직 당시에
처음으로 한국의 역사와 문화에 대해 배우기 시작하였다. 그는 한국어 습
득을 위해 많은 노력을 하였고, 한국의 역사와 문화에 대해 알게 되자 그
는 한글에 대한 더욱 큰 지적 관심을 가지고 연구를 시작하였다.

　놀라운 것은 그가 아주 이른 시기에 한글이 대단히 과학적이고 간편
하며 독창적으로 만들어진 음성언어라는 점을 알았다는 점이다. 한글은
영어와 달리 발음 기호가 없고, 자음과 모음의 조합이 간편해서 쓰기와
말하기가 세계 어떤 언어도 따라올 수 없다고 보았다. 그의 진지한 학구
적 태도와 치밀한 분석이 없었다면 불가능한 일이었다.

　그는 당시 한국의 관료와 양반들이 아녀자와 하층민들이 사용하는 글
자라고 해서 한글을 무시하고 있으나, 언젠가는 모든 한국인들이 한글
을 사용하게 될 것이며, 당시 동아시아의 주요 언어인 한자가 유럽의 라
틴어와 같은 처지가 될 것이라고 전망하였다. 이러한 예측은 오늘 우리
가 사용하는 한글의 대중화가 그리 오래된 일이 아니라는 점에서, 앞을
내다보는 뛰어난 견해였다. 이것은 그 어떤 한국인보다 한글의 우수성
을 발견하고 세계 최초 한글 교과서를 저술했다는 점에서 한글의 가치

THE KOREAN REPOSITORY.

JANUARY, 1892.

THE KOREAN ALPHABET.

I.

Languages are natural products. Alphabets are artificial products. Languages are made by man; alphabets by men. It follows that the methods of investigating the origin of languages are different from the methods of investigating the origin of alphabets. As alphabets are products of civilization the dates of their invention are usually approximately known. Language however antedates civilization, in fact civilization presupposes language. Language is a gradual growth and so dates cannot be given excepting to certain well defined phases of the growth. But alphabets, while they may have changes usually spring into existence full grown, or at least are perfected soon after their inception. Exception must of course be made of such alphabets as grew out of systems of hieroglyphics by a gradual substitution of arbitrary phonetic symbols in place of cumbersome ideograms. In investigating the origin of any alphabet there are two kinds of evidence to consult, internal and external. The former deals with the text of the alphabet as compared with that of other alphabets, while the latter deals with the peoples, the times, the political affinities and the racial prejudices which accompan-

*The Korean Repository*에 "THE KOREAN ALPHABET(한글)"이라는 제목으로 실린 헐버트의 글

를 되살리는 중요한 출발점이 되었다.

헐버트는 언더우드의 『한국어 소사전A Concise Dictionary of the Korean』이라는 한국어 사전 편찬 작업에 참여하였다. 그리고 1892년 1월 *The Korean Repository*에는 "The Korean Alphabet(한글)"이라는 한국어에 대한 논문을 게재하였다. 이 연구를 통해 그는 표의문자인 중국어보다 표음문자인 한글의 우수성을 인정하고, 보통교육 실시라는 차원에서 대중들이 쉽게 읽을 수 있는 한글 사용을 적극 권장하였다.

그의 언어 연구 저술은 당시에 누가 이렇게 깊이 있고 방대한 연구를 하였는가를 생각해보면 경이로울 뿐이다. 그는 한글을 200개가 넘는 다른 문자와 비교해 보았다고 하면서 '어느 문자도 문자의 단순성과 소리를 표현하는 힘의 일관성에서 한글보다 더 나은 문자는 없었다'라고 하며 '한글이 현존하는 문자 가운데 가장 훌륭한 문자 중의 하나'라고 보았다.

The Korea Review 1902년 10월호에 발표한 논문 "The Korean Language(한국어)"에서는 한글의 뿌리를 탐구함으로써 한글이 지닌 언어학적 위치와 관련하여 서술하였다. '한반도는 우랄·알타이 어족의 두 지류가 만나 한자권인 중국을 에워싸며 여정을 마감한 곳'이라고 하면서, '한반도 북쪽은 우랄·알타이 어족語族이 내려와, 한반도 남쪽은 우랄·알타이 어족에서 올라와 정착되었다'고 하였다. 헐버트는 이 논문을 미국의 스미스소니언 협회에 보내 한글의 창제 과정과 우수성을 소개하였다. 이를 통해 '한글이 대중의 의사소통의 매체로서 영어보다 우수하다'는 주장을 분명하게 밝혔다.

또한, 1905년에는 한글이 인도 남부에 있는 드라비다 지방의 언어와 공통점이 있다고 주장하면서 두 언어를 비교한 "한국어와 인도 드라비다족어의 비교문법"이라는 논문을 발표하였다. 이 논문에서 그는 한민족은 북방민족과 남방민족의 두 계통으로 형성되었다는 결론을 내리면서 한민족의 새로운 기원을 밝히고자 하였다. 그는 삼한 이남의 민족연원을 언어학 적인 측면에서 인도의 원주민인 드라비다족과 연관시켰다. 남방계 유래설에 관한 주장은 한국어 형성 과정 중 일부분의 열쇠가 될 것이라고 믿게 되는 계기가 되었다. 오늘날 언어학계에서도 이 부분에 대한 깊은 관심을 갖고 연구를 진행하고 있다.

한편, 헐버트는 구전으로만 전해지던 전래민요와 아리랑을 근대적 악보로 채록하기도 하였다. 이를 통해 우리나라 음악사에서 전래민요와 아리랑의 서양악보 시대를 열었다. 입에서 입으로 전해지던 아리랑을 악보가 있는 현대적 아리랑으로 탄생시켰다. 그는 *The Korean Repository*에 "Korean Vocal Music(한국의 소리음악)"이라는 제목의 논문을 1896년 2월에 발표하였다. 이 논문에서 아리랑에 서양 음계를 붙인 악보를 우리나라에 처음으로 선보였다. 아울러 시조 〈청산아〉와 경기민요인 〈군밤타령〉도 음계를 붙여 소개하였다. 1906년에 출판된 *The Passing of Korea*에서도 서민 노래의 대표곡으로 아리랑에 음계를 붙여 수록하였다.

그가 최초로 채보한 것은 〈문경새재 아리랑〉으로 알려져 있다. 이 곡은 대원군 집권 시절, 경복궁 중건 기간(1865~1872)에 부역꾼들이 많이 노래하였다. 문경의 특산물인 박달나무가 경복궁 중건을 위해 공출되

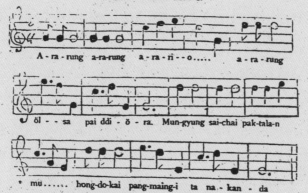

KOREAN VOCAL MUSIC.

A - ra - rung a-ra-rung a - ra - ri - o..... a - ra - rung

ŏl - - sa pai ddi - ŏ - ra. Mun-gyung sai-chai pak-tala-n

mǔ...... hong-do-kai pang-maing-i ta na - kan - da

Here we have the chorus first and then the following:—

On Sai Jai's slope in Mun-gyung town
We hew the *pak tal namu* down
To make the smooth and polished clubs
With which the washerwoman drubs.
Her masters clothes.

And by a swift turn of thought we have an Amazonian
stanza:—

I cannot from my good-man part.
To say good-bye will break my heart.
See here, I have him by the wrist.
However he may turn and twist
I won't let go.

And again a quick forsaking of the realm of the practical
and a dash into Titania land:—

I asked the spotted butterfly
To take me on his wing and fly
To yonder mountain's breezy side.
The trixy tiger moth I'll ride
As home I come.

And finally a sentiment which is all too true to Korean life.

The good-man lingers long away.
My heart is sad. I fear—but nay,
His promise, sure, will hold him fast.
Though long I wait, he'll come at last.
Back! fruitless tears.

This is all sad doggerel when put into English. The Ko-
rean flavor is gone, the aroma dissipated; but you can see, from

"Korean Vocal Music(한국의 소리음악)" 중 아리랑 악보 부분자, 이에 따른 실망감과 저항감에 경복궁 중건을 위해 전국에서 모인 부역꾼들이 공감하며 불렀다고 한다. 그렇다면 과연 문화도 다르고 언어도 다른 나라의 전래민요를 듣는 것만으로 악보를 만들 수 있는 것이 어떻게 가능한 것일까?

이에 대해 『파란눈의 한국혼, 헐버트』의 저자는 헐버트가 음악에 대해 특출한 소질을 가지고 있었던 것으로 소개한다. 학창 시절부터 그는 어떤 음악이거나 한번 들으면 오리가 물에서 헤엄치듯이 그 노래를 소화하였고, 항상 단아한 차림의 여선생이 가르치는 음악시간이 더할 나위 없이 즐거웠다고 회고했다고 한다. 또 대학시절 합창단에서 활약하며 음악부장을 지냈으며, 교회에서는 성가대를 이끌었다고 한다. 이렇게 헐버트는 당시 어떤 한국인도 관심 갖지 않았던 전통민요 및 아리랑을 통해 한국인의 보편적 정서를 이해하려고 하였다. 이는 그가 한국 역사와 문화에 대한 이해가 대단히 높은 수준에 있었음을 상징적으로 보여준다.

이처럼 헐버트는 역사와 문화를 주제로 활발한 저술 활동을 통해 한국에 관한 많은 글을 국내외에 발표하였다. 당시의 서구 사회에는 한국이 거의 알려지지 않았고, 알려졌다고 해도 왜곡되거나 과소평가된 것이 대부분이었다. 이런 상황에서 그는 한국에 관한 논문을 국외로 발표하여 한국 문화의 독자성과 우수성을 소개하고 재발견하였다.

19세기 말에서 20세기 초에 한국에 관해 출간된 외국 저술을 살펴보면, 대부분 한국에 진출해 있던 선교사나 외국인들이 남긴 기록이다. 특히 미국인들은 서양인 중에서 수가 많았고, 다른 서양인들에 비해 오랫동안 한국에서 생활하면서 한국에 관한 많은 정보가 담긴 기록을 남겼다. 잠시 머무른 군인·관리, 혹은 여행자들의 기록이 큰 부분을 차지했다.

그런데 각기 다른 동기를 가지고 왔으나, 한국에 도착해서 가진 첫인상은 부정적이었다. 처음 방문한 서양인들의 눈에 비친 한국은 너무도 가난하고 형편없는 상태였다. 그 과정에서 이들은 중국이나 일본 위주의 한국관을 그대로 드러냈다. 한국은 일본이나 중국의 '속국'이거나 두 나라 사이에 끼어 있는 별 중요성도 없는 변방의 땅에 불과했다. 한국에 관한 책이 전해주는 정보의 정확성을 신경 쓸 정도로 한국에 관심 있는 사람이 거의 없었다. 이러한 부정적인 인식이 수많은 글을 통해 세계인들의 한국관에 그대로 반영되었다. 헐버트 역시 한국에 오기 전에 읽었던 책을 통해 한국에 대해 좋은 인상을 받지 못했다. 그러나 한국에 와서 한글을 배우고 한국 사람과 함께 살면서, 한국의 역사와 문화를 연구하고 한국과 한국인을 알게 되었다. 그는 한국의 이미지가 서구인과 미국인의 부정적 편견에 가득 차 있음을 발견하였다.

이에 그는 한국의 역사와 문화를 단순히 연구하는 학자적 태도에서 벗어나 이러한 편견을 바로잡으려고 적극 활동하였다. 자신이 연구하고 확인한 사실에 근거하여 그는 한국에 관한 서양인들의 편견을 반박하고

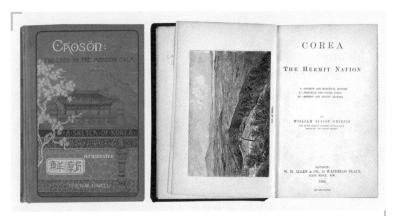

『조용한 아침의 나라, 조선』(왼쪽)과 『은둔의 나라 한국』(오른쪽)

한국의 실제 모습을 제시하려고 노력하였다. 그는 한국에 관한 서양인들의 인식에 일반화된 부정적 이미지나 용어에 대해 분명한 근거를 토대로 이를 논리적으로 비판하였다.

당시 서양인들의 한국관에 영향을 미친 여러 책이 있었다. 그중 대표적인 책이 미국인 윌리엄 그리피스William Griffis가 1880년을 전후로 쓴 『은둔의 나라 한국Corea, the Hermit Nation』과 퍼시벌 로웰Percival Lowell이 1886년에 출간한 『조용한 아침의 나라, 조선Chosen: The Land Of Clam』이었다.

그리피스의 책은 한국에 직접 방문하지 않고 주변에서 구할 수 있는 자료 중심으로 서술되었을 뿐 아니라 내용 대부분이 부정적이고 일방적이며, 부정확하다는 문제점을 갖고 있었다. 또 서술에 의지한 자료 역시 한국에 차별적인 인식을 지닌 중국과 일본, 서양 자료들이었고, 이에 따라 한국을 무시하고 멸시하는 관점을 그대로 노출시키고 있었다. 이

한국인보다 한국을 더 사랑한 미국인 헐버트

후 많은 개정판을 냈으나 서양의 영어권 독자들에게 한국에 대한 부정적 이미지를 각인시키는 데 결정적 역할을 하였다. 로웰의 책도 1883년에서 1884년 사이에 미국의 특별사절단으로 한국을 참시 찾았다가 쓴 책이었다. 그가 목격한 서울은 이루 말할 수 없이 더러운 오물의 악취가 진동하는 곳으로, 비문명적 세계라는 증거들뿐이었다. 그러나 짧은 시간 동안 한국을 묘사한 피상적인 여행기에 불과하다는 점에서 문제가 심각했다. 헐버트는 이런 책들이 한국에 관한 서양인들의 인식에 부정적 영향을 미치고 있다는 점을 확인하였다.

먼저 그는 그리피스의 책을 신랄하게 비판하였다. 한국인들이 그저 웅크리고 숨어사는 사람이 아니라고 강변하였다. 개항 이후 근대화를 실천하기 위해 누구보다 동분서주하며 바쁘게 살아가는 사람들이라고 평가하였다. 그리피스가 한국에 한번도 와보지 않은 상태에서 일본의 왜곡된 자료에 근거해 한국에 관한 글을 썼기 때문에 한국과 한국인에 대한 설명은 오류로 가득하다고 지적하였다. 또한 그는 로웰이 조선을 'Morning Calm'으로 번역한 것이 대단히 잘못된 해석이라고 비판하였다. 한자에서 원래 '선鮮'은 '조용하다'라는 뜻이 아니라 '곱다, 아름답다'라는 뜻으로, '조선'이란 말은 '빛나는 아름다운 아침'으로 해석해야 제대로 이해할 수 있다고 주장하였다.

그의 반박은 동료 선교사인 게일J. S. Gale과의 논쟁에서도 유감없이 드러났다. 게일은 한국의 역사와 문화를 열심히 공부하고 연구한 소수의 외국인 중에 한 사람이었다. 그는 한국에서 활동하면서 한국의 역사·언어·풍습 등을 누구보다 풍부하게 연구한 인물이었다. 그는 언더우드의

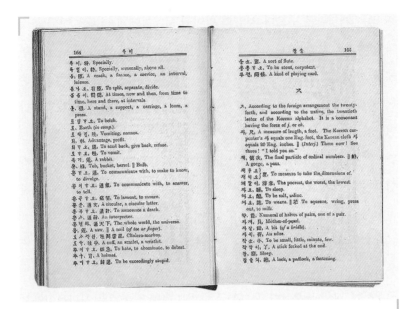

1890년에 언더우드가 펴낸 한영자전

주관 아래 발간된 『한국어 소사전』 편찬 작업을 헐버트와 함께 하였고, 1903년에 있었던 YMCA 창립 때에는 헐버트와 함께 이사로 활동하기도 하였다. 그러나 헐버트의 한국관은 게일과 크게 달랐다. 게일은 많은 부분에서 한국이 오랫동안 중국의 영향으로부터 자유롭지 못했을 뿐만 아니라 종속되었다고 보았다.

게일은 아시아왕립학술회의 학술지에 게재한 「한국에 대한 중국의 영향The Influence of China upon Korea」에서 '한국 사회가 중국의 이념에 의해 지배받지 않은 것이 없다'고 주장하였다. 그래서 한국의 전통, 문화, 언어, 역사 등을 중국 문화의 영역으로 간주하고 한국의 고대사 부분을 중국의 전설적 시대로까지 평가하였다. 이에 대해 헐버트는 한국이 오랫동안 중국의 강력한 영향권에 있었지만, 중국과 분명하게 구별되는 주체적인 역사와 전통을 발전시켜 왔다고 정면으로 반박하였다. 그리하여 중국과는 다른 역사와 전통을 지속해 왔고, 이를 통해 중국이나 일본과 다른 역사적·문화적 독자성을 간직해 왔음을 강조하였다.

오랜 기간 중국의 영향이 큰 것도 사실이지만 그것만을 강조해서는 안 되며, 한국은 중국과 종족이나 언어 구조부터 다르다고 하였다. 한국 역사와 문화는 중국적이라기보다는 한국 나름의 독창성을 가지고 있는 점을 들면서 중국의 문화와의 차별성을 강조하였다. 이를 통해 그는 한민족이 개성이 뚜렷한 민족이며, 언어상의 독창성 등으로 보아 주변 국가의 어느 나라와도 구별되는 완전한 민족이라고 하면서 한민족의 독자성을 주장하였다.

이렇게 헐버트는 한국에 와보지도 않거나 왔다고 하더라도 짧게 체류한 인물들이 쓴 글이 한국에 관한 부정적인 이미지를 확대, 재생산하고 있다는 점을 지적하였다. 이것이 한국에 대한 잘못된 정보와 왜곡된 이미지를 끊임없이 심화시키고 있다고 보았다. 이와 같은 한국에 대한 편견을 정면으로 반박한 그는 한국 역사와 문화의 독자성과 차별성을 구체적으로 제시하고자 하였다. 이를 위해 국제무대에서 한국이라는 국가를 제대로 소개하고 그 실상 및 역사·문화의 정체성을 제대로 알 수 있도록 활발한 저술활동에 참여한 것이다. 헐버트는 한국인인 우리 자신도 몰랐던, 아니 잊어버리고 있던 우리 역사와 문화를 새롭게 재발견하였다.

급변하는 역사의
현장 속으로 뛰어들다

헐버트가 다시 왔을 무렵인 19세기 말의 한국은 복잡하면서도 급격하게
돌아가고 있었다. 한반도를 둘러싼 제국주의 열강의 압박과 개혁에 대
한 한국인들의 열망 등이 겹치면서 한국의 정치 현실은 혼란스럽게 진
행되었다. 그런 중에 한반도의 패권과 한국의 운명을 가름할 수 있는 청
일전쟁이 발발하였다. 이 전쟁은 한반도에 대한 지배권을 누가 장악할
것인가를 놓고 일본군이 청국군을 공격함으로써 일어났다. 여기에는 갑
신정변 당시 일본이 청국과의 무력 충돌 직전까지 갔다가 불리하다고
판단하고 회피한 경험도 크게 작용하였다. 이후 일본은 장차 한반도를
지배하기 위해 청국과의 전쟁을 피할 수 없다고 여겼다. 이에 따라 10년
동안 계획적인 군제개혁과 군비확장 속에서 기회를 노렸던 것이다.

청일전쟁 때 포로로 잡힌 청국군

　한반도의 지배권을 놓고 일어난 침략 전쟁이었음에도 불구하고, 한국인들은 철저하게 배제 당했다. 청일전쟁으로 인해 수많은 한국인이 자국 영토 안에서 말할 수 없는 고통을 당하며 희생당했고, 국토가 유린당하고 자주적 독립권이 크게 훼손되었다. 이런 점에서 청일전쟁은 향후 전개될 한반도의 정치 상황을 보여주는 슬픈 전주곡과 같은 사건이었다. 그때나 지금이나 스스로를 지켜낼 만한 힘이 없다면, 오늘의 번영과 평화는 신기루처럼 언제 없어질지 모르는 위험에 처하게 될 것이다.

　청일전쟁의 빌미가 된 것은 아이러니하게도 정치사회의 변화를 요구하며 1894년 2월에 일어난 동학농민운동이었다. 부패한 관리의 척결을 주장하며 무거운 세금에 봉기한 동학농민군 세력이 전국으로 확대되자,

김홍집

이에 당황한 조선 정부는 동학군의 진압을 위해 청국에 원병을 청하였다. 그러자 사태를 주시하던 일본이 청국과 맺은 톈진조약天津條約을 근거로 한반도에 군대를 파병하였다. 톈진조약을 통해 청국과 일본은 어느 한쪽이 한반도에 군대를 파병할 때, 다른 쪽의 군대가 동시에 파병한다는 약속을 하고 있었다.

정부는 일본군에 대해 원병 요청을 하지 않았다는 이유로 철군을 요구하였으나, 이를 침략의 기회로 인식한 일본은 듣지 않았다. 오히려 동학과 같은 내란을 예방하기 위해 내정개혁을 단행해야 한다고 주장하였다. '전주화약' 체결으로 인해 상실된 일본군대의 주둔 명분을 만들고, 청국과의 전쟁 구실을 만들기 위함이었다.

일본은 자신들의 요구가 관철되지 않자 군대를 동원하여 경복궁을 점령해버렸다. 이어 수립된 김홍집 내각을 통해 갑오개혁이 추진되었다. 갑신정변 때 좌절된 정치·경제·사회 각 분야에 걸친 근대적 제도가 실시되었다.

한편, 청일전쟁은 일본군의 기습공격으로 시작되었다. 이 전쟁에 대해 서구 열강은 청국군이 쉽게 패배하지 않을 것으로 보았다. 전쟁이 일어나게 되면 청국군이 일본군을 이길 것이라고 판단하였다. 수천 년간 중원대륙을 호령하며 패권을 행사하던 청국군이 이길 것으로 보았던 것

한국인보다 한국을 더 사랑한 미국인 헐버트

이다. 그런데 예상과 달리, 청일전쟁은 일본의 승리로 쉽게 끝났다. 탄력을 받은 일본군은 서구 열강의 경고를 무시한 채 만주까지 진격하였다.

이에 만주에 대한 이해관계를 갖고 있던 서구 열강들이 일본을 견제하였다. 특히 러시아가 일본군의 만주 침입을 가장 강력하게 저지하고 나섰다. 러시아는 프랑스, 독일 등과 함께 일본을 견제하는 '삼국간섭三國干涉'을 일으킴에 따라 개항 이래 국제무대에서 승승장구하던 일본의 기세는 꺾일 수밖에 없었다. 아직 일본은 국제무대 강자인 러시아에 대응하기에는 역부족이었다. 러시아의 견제를 받으며 만주에서 철군할 수밖에 없었고, 한동안 한반도에서 일본 질주에 제동制動이 걸리게 되었다. 이어 러시아가 한반도 및 한국에 크게 영향력을 미치기 시작하였다. 궁지에 몰린 일본이 일으킨 것이 명성황후 시해사건이었다. 일본은 명성황후가 자신들의 이해관계에 걸림돌이 된다고 판단하여 정치 깡패와 같은 낭인들을 동원하여 조선의 국모를 시해하는 극단적인 만행을 저질렀다.

갑오개혁은 고종이 러시아 공사관으로 거처를 옮긴 아관파천으로 막을 내렸다. 궁으로 다시 돌아온 고종은 1897년 10월에 박정양을 중심으로 하는 개혁정권을 출범시켰다. 국호를 대한제국으로 하고 연호를 광무光武라고 하였다. 고종은 황제권을 강화하는 한편, 재정 확보를 위한 양전사업 실시와 경제 및 교육의 장려를 장려하는 등 개혁정책을 실시하고, 대한제국이 대외적으로 자주적 독립국임을 선포하였다. 또한, 독립관과 독립문의 건립을 위해 관민官民이 참여하는 독립협회 조직을 후원하였다. 근대 언론의 필요성을 느끼고 미국에서 신문제작 경험이 있던 서재필에게 의뢰하여 『독립신문』 제작을 지원하기도 하였다.

독립문과 독립관

　독립협회는 독립문과 독립관 건설 이후에도 해체되지 않았다. 민간의 힘으로 운영되기 시작하면서 한국 최초의 근대적인 시민사회단체의 역할을 담당하였다. 독립협회의 주도자들이 꿈꿨던 나라는 자주적 독립국가였다. 자유민주주의와 개혁사상을 국민에게 보급하고 국민의 힘으로 건설된 나라였다. 독립협회는 설립 초기부터 정부와 협력하며 국가의 자주적인 발전을 추진하였다. 그러나 러시아의 내정간섭이 심해지자 러시아를 비판하게 되었고, 이는 당시 친러적 태도를 보인 정부와 갈등관계를 빚는 원인이 되었다.

　독립협회는 최초의 근대적 집회인 만민공동회를 배경으로 자주국권 운동을 전개하였다. 국민의 신체자유권과 재산권의 보호, 정치적 자유권을 위한 자유민권의 보장 등을 주장하는 시민사회운동을 펼쳤다. 나

아가 의회를 설립하여 국민의 의사를 정치에 반영하는 국민 참정권운동
도 추진하였다. 그러나 독립협회는 수구守舊 세력의 공격과 왕정 유지에
위협을 느낀 고종의 의심으로 인해 1898년 12월에 강제 해산을 당하고
말았다. 국민의 힘으로 자주적인 국가를 실현하기 위해 근대개혁을 추
진하려던 독립협회의 소망은 좌절되었다.

이처럼 불안정한 정치적 상황에서 대다수의 외국 선교사들은 종교 활
동에 매진하며 정치와 일정한 거리를 두었다. 그럼에도 불구하고, 한국
인이 처한 어려운 형편에 대해 깊은 관심을 갖고 한국인을 위로하며 함
께 하고자 하는 이들이 있었다. 그들 가운데 한 명이 바로 헐버트였다.

The Korean Repository 저술 및 출판 활동

헐버트는 급변하는 국내외 정치사회 현실에 대한 관심을 자연스럽게 드
러내기 시작하였다. 직접적인 계기가 된 것은 The Korean Repository
재창간에 참여했을 때부터였다. 그는 아펜젤러와 함께 편집부의 이름으
로 한국의 정치사회 현실에 대한 글을 게재하기 시작하였다.

삼문출판사의 책임자가 된 그는 아펜젤러와 함께 약 2년간 중단되어
있던 The Korean Repository를 1895년부터 다시 출판하였다. 그는 당
시 감리교 선교사 지도자인 아펜젤러의 강력한 후원을 받고 있었다.

당시 대다수 외국 선교사들은 정치와 종교가 분리되어야 한다는 '정
교분리' 원칙을 갖고 국내 정치 문제에 일정한 거리를 두고 있었다. 그러
나 아펜젤러는 한국의 독립과 한국인의 정치적 운명에 대해 동정적 마

아펜젤러

음을 갖고 있던 특별한 외국인 선교사였다. 헐버트 역시 아펜젤러의 견해에 동의하며 한국의 정치사회 현실과 한국인에 대해 깊은 관심을 보였다.

*The Korean Repository*의 편집 책임자는 아펜젤러였고, 부편집인이 헐버트였지만, 실제로 글을 쓰는 것은 대부분 헐버트가 도맡아 하였다. 한국 감리교 선교활동의 총책임자인 아펜젤러가 바쁜 삶을 살아가고 있었기 때문이다. 그는 1년에 몇 번씩 전국 선교지를 찾아다니며 선교활동을 펼쳤다. 그런 차원에서 편집부로 작성된 대부분의 글은 헐버트가 작성했다고 보아도 무방하다. 아펜젤러가 쓴 글이라고 하더라도 헐버트의 생각과 크게 다르지 않았을 것이라는 점에서 이 책에서는 편집부의 글 대부분이 헐버트가 작성한 것으로 보고 접근하였다.

*The Korean Repository*는 격변하는 정치사회적 상황에서 헐버트가 실질적 책임을 맡으며 다시 출발하였다. 전체적으로 한국의 정치와 관련된 기사들이 많이 게재되었다. 일반기사에서는 정치, 풍습, 역사, 유물, 언어, 기행, 사회관습 등을 다양하게 다뤘으나, 한국의 정치적 상황은 주로 편집부의 이름으로 다루었다. 한국 정부나 외국 정부와의 마찰을 초래할 글이 많았기 때문에 헐버트 개인의 이름을 내세우기보다 편집부의 이름으로 글을 게재한 것으로 보인다.

1890년대 중반 이후에는 정치적 사건에 대한 기사를 다루었다. 예를 들면 갑신정변, 청일전쟁, 갑오개혁, 명성황후 시해사건, 외국인의 각종 이권문제, 한국 재정과 금광채굴, 독립협회 활동 등과 같은 내용이었다.

이러한 가운데 주목되는 것은 명성황후 시해사건과 관련된 기사이다. 게재된 기사 전체적 내용은 명성황후 시해사건의 전말, 이 사건에 대한 재판 기록, 국내외 및 일본 언론들의 평가 및 일본 내 일본인들의 인식, 그리고 명성황후의 장례식 등에 대한 것이었다. 지금까지 명성황후 시해사건과 관련된 연구 성과와 비교해 보아도 큰 차이가 없을 정도로 잘 쓰였다. 이는 당시 외국인의 입장에서 본 사건의 내용이었고, 이를 사실적으로 정리했기 때문에 그 어떤 당대 사료보다 가치가 있다고 할 수 있다.

헐버트는 명성황후가 시해된 1895년 10월부터 대한제국 탄생 이후 장례식이 있던 1897년 11월까지의 상황을 *The Korean Repository*에 생생하게 묘사하였다. 1895년 10월호에 게재된 「왕비의 시해」에서는 명성황후 시해사건을 상세하게 사실적으로 서술하였다. 명성황후를 시해한 자객들에 대한 처벌이 가해지도록 그들이 한반도를 벗어나지 않기를 희망하기도 하였다. 1896년 3월호에 실린 「1895년 10월 8일의 사건, 즉 왕비의 죽음과 관련된 공보」라는 글에서는 일본 내에서 진행된 명성황후 시해사건 관련자 재판 판결문이 게재되었다. 일본에 송환되어 재판을 받은 주한 일본공사였던 미우라 고로三浦梧樓를 비롯한 관련자들에 대한 재판 판결문을 게재하였다. 그리고 명성황후 시해사건의 처리 과정을 상세하게 소개하였다.

이어 1896년 5월호에 실린 「공보」라는 글에서는 일본에 거주하는 외국인의 말을 인용하여 '미우라 주한 일본공사의 재판이야말로 가장 포악한 법의 우롱이며 미우라가 주범이라는 데 의심의 여지가 없음에도 불구하고 재판에서 어떤 문책을 받을 수 없다는 것에 대해 부끄러움을 느끼지 않는 사람을 만난 적이 없을 정도'라고 비판하였다.

이어서 미우라 공사가 명성황후 시해의 주범이라는 데 의심의 여지가 없음에도 불구하고 일본이 이를 회피하며 감추고 있다고 비난하였다. 나아가 일본 정부가 직접 사건을 지시하거나 가담한 증거가 발견되지는 않았으나, 미우라를 공사로 임명한 일본 정부가 공범의 책임으로부터 자유로울 수 없다고 분명하게 주장하였다.

헐버트의 비판은 여기에서 그치지 않았다. 자신이 저술한 *The History of Korea*에 명성황후 시해사건 관련 재판 판결문을 싣고, 재판 과정을 상세하게 서술하였다. 그는 이 사건을 역사의 기록으로 남기고자 하였다. 훗날 자신의 회고록에서는 일본의 만행뿐만 아니라 명성황후 시해 사건이 일어났음에도 불구하고 한국과 조약을 맺었던 나라들이 침묵을 지키고 있던 것도 크게 비판하였다. 당시 한국과 조약을 맺고 있던 서양 국가들 모두가 이 사건에 대해 어떤 문제도 제기하지 않았던 것은 서양 문명의 한계를 적나라하게 보여준 부끄러운 일이라고 비난하였다.

헐버트는 명성황후가 시해되었음에도 나라의 힘이 약하여 가해자를 제대로 처벌할 수 없는 한국의 정치 현실에 분통을 터뜨렸다. 그는 은폐하는 일본과 침묵하는 서양 열강의 태도를 동시에 비난하였다. 그러나 한국의 정치 현실의 한계로 인해 제대로 된 법적 심판이나 국제적 압력을 행사할 수 없었다. 그럴수록 역사의 기록을 남김으로써 언젠가 반드시 역사의 이름으로 심판을 받게 하겠다는 그의 의지는 더욱 강해졌다.

춘생문 사건과 헐버트

명성황후의 죽음 당시 가장 큰 상실감과 충격을 받은 사람은 고종이었다. 정든 아내인 동시에 든든한 후원자를 한꺼번에 잃게 되었기 때문이다. 왕비를 살해한 일본은 친미·친러파 관료들을 배제하고 김홍집을 수반으로 하는 '김홍집 내각'을 수립하였다. 궁궐 내 친일파 감시인들에게 둘러싸인 고종은 일본의 다음 목표가 자신의 생명일 것이라는 두려움 속에서 지냈다. 이런 상황에서 고종은 서양인들이 자신의 주위에 있으면 일본인들이 자신을 마음대로 해치지 못할 것이라고 생각하였다.

고종은 미국 공사를 통해 선교사들의 입궐을 요청하였다. 평소 친했던 미국 선교사들이라면 자신을 지켜줄 수 있을 것이라는 믿음을 가졌기 때문이다. 미국 공사 실John M. Sill은 선교사들에게 고종의 보호를 위해 대궐에 들어가서 그의 침소 근처에서 머물러 달라는 도움을 요청하였다. 실 공사는 선교사들이 어떤 물리적 힘을 행사하기를 기대한 것은 아니었다. 다만 외국인들이 지켜보고 있다는 사실을 통해 고종을 해치려는 일본인들의 의도가 좌절되기를 바랐을 뿐이다.

고종과 실 공사로부터 온 다급한 요청은 헐버트가 국내 정치적 상황에 참여하게 된 계기가 되었다. 그는 평소 명성황후의 죽음에 안타까움과 분노를 느끼고 있던 터라 위기에 처한 고종을 동정하는 마음이 생기기도 하였다. 또 그동안 베풀어준 왕실의 호의에 대해 보답하고 우의를 재확인하는 계기가 될 것이라고도 생각하였다.

그런데 이 일은 자신의 생명에 위협을 받을 수도 있는 일이었다. 일본군이 궁궐을 장악한 살벌한 분위기에서 어떤 일이 일어날지 아무도 예측할 수 없는 상황이었지만, 헐버트는 앞장서서 이 일을 감당하겠다고 나섰다.

헐버트가 다른 두 명과 불침번을 선 것을 시작으로 언더우드를 비롯한 선교사들이 한 명 또는 두 명이 매일 저녁에 권총을 품고 입궐하여 미국 군사고문 윌리엄 다이William M. Dye 장군과 함께 왕의 서재 겸 집무실에서 당번을 섰다. 헐버트가 당번을 섰던 곳은 왕의 침소에서 부르면 바로 달려갈 수 있을 정도로 가까운 거리에 있었다.

이런 상황에서 일어난 '춘생문 사건春生門事件'에 헐버트가 관여하게 되었다. 춘생문사건은 경복궁 북동쪽에 있었던 춘생문 근처에서 고종 세력이 고종을 구출하고 친일개화파를 타도하려고 일으켰던 반일운동이다. 서울 장안의 인사들이 중앙 군대를 동원하여 친일내각을 전복하고 일본군을 축출하여 유폐 상태에 있는 고종을 구하고자 궐기한 것이었다.

장로교 선교사 언더우드가 11월 27일에 헐버트를 찾아왔다. 그는 백성들이 고종을 구하고자 궁궐에 들어가려고 시도할 예정이니 궁궐로 함께 가자고 하였다. 백성들이 들어오는 과정에서 친일파 관료로부터 누군가는 고종을 보호해야 한다는 것이었다. 밤마다 고종을 경호하던 헐버트는 언더우드의 다급한 설명을 듣고 고종에게 도움이 필요하다는 것을 즉각 깨달았다. 자연스럽게 그는 춘생문 사건에 가담하게 되었다.

그날 저녁 어둠이 짙어지자, 헐버트는 언더우드, 에비슨과 함께 궁궐로 갔다. 여러 번의 제지를 받았으나 이를 간신히 제치고 고종의 침소가 있는 가까운 거리까지 다가갈 수 있었다. 헐버트는 비상시를 대비해 다이 장군으로부터 받은 권총을 품 안에 숨기고 있었다.

그리고 11월 28일 새벽, 시종원 시종 임최수와 훈련대 대대장을 지낸 참령 이도철을 비롯한 100여 명이 총소리를 개시로 춘생문으로 돌진하였다. 이때 헐버트 일행은 경비병을 밀치고 고종의 처소 안으로 들어갔다. 고종과 왕자는 긴장된 표정이 역력했다. 헐버트 일행은 고종을 안

언더우드

심시키며 관료들을 고종으로부터 떨어져 있게 하였다. 궁궐 밖에서 소란이 심해지자 관료들은 고종을 부축하여 처소 밖으로 나가려고 하였다. 그러자 헐버트 일행은 관료들을 막아서며 고종을 이곳에서 안전하게 지키겠다고 하면서 그 자리를 지켜냈다. 그러나 그날 새벽, 궁궐 진입을 시도하던 거사는 실패로 끝나고 말았다. 궁궐을 지키던 일본군과 군인들이 공격을 가하자, 거사 가담자들이 당황하여 뿔뿔이 흩어졌던 것이다. 결국 춘생문사건은 실패로 끝나버렸다.

기대와 달리 실패로 끝난 춘생문사건은 헐버트 일행이 조선의 정치 현실에 깊숙이 개입하는 계기가 되었다. 정치적 이해관계가 아니라 고종과의 인간적인 관계가 큰 계기였다. 밤마다 고종의 처소를 경호하게 되면서 자연스럽게 고종과의 인간적 관계가 깊어졌고, 이로 인해 궁궐에 유폐된 고종을 궁궐 밖으로 피신하려는 계획에 직접적으로 가담하게 된 것이었다. 그러나 목숨을 잃을 수도 있는 위험천만한 일이었다. 이런

점에서 헐버트 일행이 궁궐로 간 것은 즉흥적인 돌발행동이 아니었다. 심사숙고를 한 뒤에 나온 목숨을 건 용감한 행동이었다.

YMCA 창립과 청년운동

육영공원 시절부터 헐버트가 가장 많이 만난 한국인은 청년들이었다. 이들은 근대문명의 수용자로, 교육의 대상이었다. 그리고 급변하는 정세에서 나라의 운명을 걱정하며 근대 교육을 통해 변화하는 시대에 대해 각성하고 진로를 개척하는 시대의 개척자들이기도 하였다.

헐버트는 청년들을 만나면서 한국의 미래에 대한 희망을 보았고, 청년들이 활동할 수 있는 사회단체로서 청년단체를 세우고 발전시키는 데 크게 기여하였다. 그 대표적인 청년단체가 바로 황성기독교청년회(이하 YMCA)였다.

독립협회가 해산당한 이후 개화운동에 관심을 가지고 있던 청년들은 독립협회와 같은 역할을 할 수 있는 새로운 단체의 창립을 갈망하였다. 이에 약 150여 명에 달하는 청년들이 1899년에 YMCA 창립을 요구하는 운동을 벌였다.

주한 선교사 언더우드와 아펜젤러는 한국 청년들의 요구에 호응하여 뉴욕 본부에 한국 YMCA 창립을 요청하는 진정서를 보냈다. 이들은 당시 YMCA 운동에 대한 한국 청년들의 적극성을 YMCA 본부에 보고하였다. 때마침 중국 YMCA 창립자인 라이언D. Willard Lyon이 의화단사건을 피해 한국으로 잠시 피난해 왔다. 라이언은 이를 계기로 미국 YMCA 본

부로부터 한국의 YMCA 창립에 관한 생
각들을 파악해달라는 요청을 받았다.

필립 질레트
한국 YMCA 초대 총무를 역임했다.

그리하여 그는 1900년 6월 28일부터
9월 17일까지 4개월간 서울에 머물면서
한국의 YMCA 창립 필요성을 조사하며
헐버트를 비롯하여 언더우드와 아펜젤
러, 게일, 벙커, 여병현 등을 만났다. 만
난 사람들마다 YMCA 창립이 반드시 필
요하다는 의견을 제시하였다.

당시 한성사범학교 교사였던 헐버트
는 라이언에게 YACA 창립의 필요성을 강력하게 주장하였다. 사범학교
학생들 대부분이 시골에서 올라온 청년들이었기 때문에 YMCA가 생기
게 된다면 엄청난 인기가 있을 뿐 아니라 한국 청년들에게 새로운 희망
이 될 것이라고 보았다. YMCA 국제위원회에서는 라이언의 보고를 받
고 기뻐하며 질레트Philip L. Gillet를 한국 간사로 파견할 것을 결정하였다.
이에 질레트가 1901년 9월에 서울에 도착하여 YMCA 창립을 위한 준
비를 시작하였다. 이로부터 1년 뒤에는 중국 및 홍콩 YMCA 전체위원
회 총무로 있던 브락만Brackman이 와서 질레트를 도왔다. 이로써 한국
YMCA 창립운동이 본격화되었다.

헐버트는 당시 한국 청년들의 절실한 요구를 누구보다도 잘 이해하고
있었다. 헐버트는 *The Korea Review* 1903년 4월호에 YMCA 창립에
대해 다음과 같이 언급하였다.

한국 청년들이 점차 사회화되어 간다. 그러나 그들은 서로 즐기며 사귈 만한 장소를 갖고 있지 못하기 때문에 그들은 좋아지기는커녕 더 나빠진다. 가정집은 비좁고 사교장으로는 쓸모없는 곳이다. 친구 집 사랑방에서 허송세월을 하지 아니하면 거리나 유흥가에 가서 허랑방탕할 수밖에 없다. 공원도 없고, 글방도 도서관도 없고, 마음에 드는 운동 경기도 없다. 사회 풍조는 나쁜 방향으로 치닫고 있다. 우리는 매일 거리를 쏘다니는 수백 명의 청년들을 본다. 그들은 다 유망한 청년들이다. 그들은 구습에서 벗어날 수 있는 기회와 자극만 있으면, 일본이 과거 30년간에 한 것과 같은 가장 유망한 청년들이 될 수 있을 것이다.

헐버트는 한국 청년들이 미래가 유망함에도 불구하고 함께 활동할 사회적 공간이 절대적으로 부족하다는 현실을 지적하였다. 이들이 사회적으로 활동할 단체나 장소를 갖게 된다면 일본의 청년들처럼, 한국 청년들도 사회적 주체가 되어 사회를 변화시킬 것임에 틀림없다고 확신하였다. 이런 의미에서 그는 독립협회 이후 미래에 대한 희망을 상실하고 방황하는 한국 청년들에게 새로운 활동 공간을 제공한다는 차원에서 YMCA 창립운동에 누구보다 적극 나섰다.

YMCA는 1903년 10월 28일에 황성기독교청년회라는 이름으로 창립되었다. 여러 달 동안의 노력과 준비 끝에 드디어 창립총회가 개최되었다. 자문위원회 회장이었던 헐버트가 의장으로서 총회 사회를 보았고, 질레트가 총무로 대회를 진행하였다. 외국인 간사를 돕던 자문위원회는 헌장 초안을 작성하였고, 헐버트가 창립의 취지를 설명하였다. 게일

선교사가 헌장 초안을 낭독한 뒤에 이를 만장일치로 통과시켰다. 정회원 28명, 준회원 9명이 통과된 헌장에 서명을 하였다. 헌장에 따라 천거된 이사들에 대한 투표를 진행하여 12명을 선출하였다. 이로써 한국에서 YMCA가 공식 출발하게 되었다. 헐버트는 *The Korea Review* 1903년 4월호에서 YMCA 창립 정신과 성격을 다음과 같이 규정하였다.

> 그러한 청년들에 대하여 Y는 무엇을 의미할 것인가? 먼저 Y는 그들이 서로 만날 수 있는 장소가 되게 하며, 두 시간씩 담화하거나, 더욱이 여러 가지 책을 읽게 함으로써 꿈과 서광을 보게 할 것이다. 그들에게 운동을 하고 목욕을 할 수 있는 장소가 되게 할 것이다. Y는 그들에게 역사·과학·종교 문제를 강의해줌으로써 스스로 향상할 수 있는 자극을 줄 것이다. 그리하여 그들은 가장 순수하고 자랑스러운 방법으로 기독교에 접근하게 될 것이며, 예수의 위대하고 신비로운 죽음과 부활이 그들을 사로잡게 될 것이다.

헐버트는 YMCA의 창립 목적을 교육, 계몽, 선교의 세 가지로 제시하였다. YMCA는 나라와 민족의 운명과 현실 문제를 외면하기 쉬운 기독교 공동체가 청년들과 시민들에게 기독교의 문을 개방하는 방법이며, 기독교를 향하게 하는 통로라고 하였다. 이어 일반적인 정치적 의미를 두는 곳이 아니라고 하였다. 진정한 의미의 개혁은 안으로부터 나오는 것이지 밖에서 오는 것이 아니기 때문이며, 개혁은 여론이 성숙해지면 태양이 자연스럽게 솟아오르듯 소리 없이 이루어질 것이라고 보았기 때문이다. 즉, 개인의 각성과 여론을 성숙시켜 근본적인 개혁을 이루는 것이 YMCA가 현실을 변화시키는 방법임을 역설하였다.

헐버트의 구상은 현실 변화를 갈망하는 개혁적 인물들이 YMCA에 들어오면서 현실화되었다. 그리고 선교사들이 세운 교회의 활동과 깊은 관련을 맺으면서 시작되었다. 개혁당 사건으로 옥고를 치른 독립협회 관계자들이 대부분 석방되어 연동교회에 입교함과 동시에 대거 YMCA에 가입하였다.

독립협회 간부들 중, 이상재·김정식·이원긍·안국선 등이 석방된 이후 YMCA에 들어왔고, 이승만이 석방되어 신흥우와 함께 YMCA에 들어왔다. 헤이그 특사였던 이준도 상동교회의 멤버로서 이상재 등과 함께 이때 가입하였다. 1904년에는 원산감리의 격리생활에서 서울로 돌아온 윤치호와 미국 유학에서 돌아온 김규식도 함께 가입하였다. 그리하여 YMCA는 당시 핵심적인 개화 인물이 총망라된 단체가 되었다.

여기서 주목되는 것은 서구 열강의 압박에 맞서 한국의 개혁을 부르짖었던 독립협회 인물들이 1900년대에 대거 YMCA 운동에 참여하고 있다는 점이다. 이것은 일제 침략이 본격화됨에 따라 침체된 근대 개혁의 의지가 국권회복이라는 방향 속에서 YMCA 운동을 통해 활성화되는 계기가 되었음을 나타낸다. 국난의 타개를 열망하는 수많은 한국인들에게 근대적 개혁과 국권회복을 위한 공간을 제공해준 것이었다. 이런 상황에서 YMCA는 자연스럽게 1900년대 한국의 정치적·사회적 역할을 담당하는 주요 공간으로 자리잡게 되었다.

이후 YMCA는 나라 잃은 한국인들이 모일 수 있는 중심적인 공간의 역할을 훌륭히 담당하였다. 민족의식의 고취와 근본적 개혁을 지향하며 한국인들이 소통하는 자율적 공간으로써의 기능을 훌륭히 감당하였다. 헐버트가 YMCA 창립에서 꿈꾸었던 모습이 조금씩 현실화된 것이었다.

러일전쟁과 대일 인식 변화

헐버트의 대일 인식은 처음부터 부정적이지 않았다. 오히려 그는 한국 근대화와 관련한 부분에서는 일본에 대해 우호적이었다. 한국 사회의 과제는 열강들의 각축 속에서 근대문명을 통해 자주독립을 이룩하는 것이라고 보았다. 그는 한국인의 능력에 대한 믿음 속에서 한국이 서구 근대국가들처럼 될 가능성이 있다고 여겼으나, 보수적인 관료주의의 폐해 탓에 근대화를 이루기는 매우 어렵다고 보았다. 그래서 한반도를 둘러싼 열강 중에 일본이 길잡이 역할을 해 주는 것이 최상의 방책이라고 생각하였다. 반면, 청국과 러시아는 계몽되지 못한 국가라는 비판적인 입장을 갖고 있었다.

그는 일본에 대한 기대감이 러일전쟁 이후 완전히 좌절되기까지 한국의 근대화와 관련하여 일본의 역할을 적극 지지하는 우호적인 태도를 보였다. 또한, 청일전쟁의 결과 일본이 승리하게 되면서 청국의 종주권이 부정되었고, 한국이 독립을 보장받게 되었다고 판단하였다. 이러한 인식은 당시 한국에 거주하던 선교사뿐만 아니라 윤치호와 서재필과 같은 개화지식인 등에게서도 엿볼 수 있는 일반적 경향이었다.

그리고 갑오개혁에 대해서도 일본이 한반도에서 우위를 차지하면서 추진된 개혁이라는 긍정적인 평가를 하였다. 그는 "사실상 일본은 오늘날처럼 한국의 진정한 친구였다. 일본은 그들 앞에 좋은 정보를 위한 계획을 제시하였다. …… 일본은 한국인에게 공정한 법률의 가치를 기억시키려 했고, 그렇게 하여 한국인들의 눈앞에 독립적인 계몽된 정부의 가장 좋은 열매들을 제시하였다"라고 하여, 일본의 주도로 진행된 강제적인 면이 있으나, 독립적이고 계몽적인 성격을 띠고 있기 때문에 한국 정부가 구습에서 벗어나 서양문명을 받아들이는 기회를 갖게 되었다고 인식하였다.

물론 앞서 지적한 것처럼 헐버트가 일본에 대해 무조건적으로 긍정했던 것은 아니다. 그는 기본적으로 한국 근대화의 관계 속에서만 일본이 주도하여 추진해 나가는 것이 바람직하다고 보았다. 그 과정에서 일본이 보인 미숙한 방법과 태도에 대해서는 비판적이었다. 임오군란과 갑신정변을 미숙하게 대처하여 오히려 청국으로 주도권이 넘어가게 되었고, 개혁의 희망이 저지되는 일이 일어났다고 보았다.

이러한 입장은 명성황후 시해사건에 대한 평가에서도 드러났다. 헐버트는 이 사건이 극단적이고 과격한 미우라 공사와 명성황후에게 적대적이었던 대원군의 묵인 속에서 일어난 것으로 보았다. 그는 미우라 공사가 일본 정부의 직접적인 지시를 받았다는 증거가 없기에 객관적으로 일본 정부가 범인이라고 단정할 수는 없지만, 무관武官인 미우라를 공사에 임명한 일본 정부를 공범으로 보아야 한다고 하였다.

그런데 그는 일본 정부가 직접 개입했다기보다는 미우라 공사의 개인적 행동으로 간주하였다. 미우라가 '신일본이라기보다 구시대의 인물'이

었다고 평가하며 일본 공사의 교체가 사
건 발생의 중요한 요인으로 보았다. 일본
정부의 책임에 대해서는 도덕적인 부분에
서 한정했던 것이다.

주한 일본공사 미우라 고로

　이러한 인식은 러일전쟁 발발 직전까
지 유지되었다. 러일전쟁이 일어나자, 그
는 전쟁의 목적이 청국과 한국 영토에 대
한 러시아의 침입을 저지하기 위해서였
고, 이를 통해 일본의 합법적 이익과 생명
을 지키려는 필요 때문이라고 보았을 정도였다.

　그러나 그의 대일 인식은 러일전쟁 종결 직후 급격하게 변했다. 일본
의 승리가 확실시되면서 한반도에는 일본이 주권을 침탈할 것이라는 위
기의식이 높아졌다. 일본이 한국을 식민지 전 단계로 보호국화할 것이
분명해졌기 때문이다. 일본의 승리로 끝나는 상황까지 일본이 어떤 개
혁도 실행하지 않는 것을 보면서 헐버트의 긍정적인 대일 의식이 흔들
리기 시작하였다. 이른바 보호정치로 인해 한국인들이 자발적인 진보를
위한 노력의 정신이 완전히 상실 당하게 될 것이라고 보았기 때문이다.

　전쟁이 종결될 무렵 일본의 대한정책 중 가장 비판적으로 본 것은 재
한 일본인들의 무법無法 행위였다. 러일전쟁 직후에 일본인들이 제도적
약점을 틈타서 한국의 광범위한 토지 및 자산 약탈을 진행했다. 이 과정
에서 일본의 저급한 계층이 들어와 더욱 문제를 심각하게 만들었고, 헐
버트는 일본 정부가 이들을 방치하는 것에 대해 분개하였다.

그러면서도 그는 일본을 공정한 처사를 해줄 만큼의 문명국으로 생각하였다. 러일전쟁이 끝난 뒤 한국 문제를 잘 처리할 것으로 마지막까지 기대하였다. 그러나 헐버트의 바람은 오래가지 못했다. 포츠머스 조약을 통해 러일전쟁이 종결되었고, 그 결과 일본이 한국을 '보호국'화 할 것이라는 소식이 일본 신문을 통해 전해졌기 때문이다. 그는 러일전쟁을 통해 한국의 독립을 보장한다는 일본의 합의가 완전한 거짓말이었음을 깨닫게 되었다. 일본의 보호국화는 한국의 독립에 대한 '죽음의 펀치'라고 하면서 일본을 강력하게 비판하고 나섰다.

헐버트는 러일전쟁 전까지 한국의 근대화와 관련하여 일본이 일시적으로 한반도에 대한 우위권과 주도권을 갖는 것을 우호적으로 보았다. 그러나 일본의 보호국화에 대해서는 분명하게 반대하였다. 그는 한 국가의 어떤 근대화도 국가적 독립이 전제된 상태에서만 가능한 것으로 보았다. 그에게 독립은 결코 포기할 수 없는 절대적인 보편적 가치였던 것이다. 그는 한국의 보호국화를 지지하는 논리를 정면으로 반박하기 시작하였다.

당시 일부에서는 보호령이 한국 발전을 위해 필요하다는 논리를 내세우기도 했다. 이에 대해 헐버트는 미국 회사들이 정부의 자치권 손상이 없었기 때문에 가능했음을 사례로 들면서 이를 부정하였다. 또 한국 정부가 경제 발전을 방해하고 있고, 개혁 시행의 의미가 없기 때문에 일본인이 정부를 운영해야 한다는 주장도 반박하였다. 지금까지 한국 개혁을 위해 어떤 노력을 해왔고, 이런 상태에서 보호국화를 실시한다면 과연 어떤 개혁을 이룰 수 있겠는가를 반문하면서 일본의 보호국화를 정

포츠머스 강화 회의 모습(1905. 8.)

면으로 부정하였다.

　헐버트는 한국 근대화와 관련하여 그동안 자신이 갖고 있던 구상이 불가능함을 깨닫게 되었다. 그리고 일본에 대해 부정적인 입장으로 완전히 전환하였다. 그는 일본이 만주와 청국에까지 침략의 손길을 미칠 것이며, 이는 결과적으로 미국의 이익까지 침해할 것이라고 보았다. 이에 미국이 직접 한국을 비롯한 동아시아의 문제에 개입해야 한다고 주장하였다.

　이처럼 헐버트는 일본에 대해 초기에는 한국의 개화와 문명화, 독립을 지지하면서도 기독교 전파와 동아시아에서 미국의 이익에 필요하다는 입장을 보였다. 그러나 한국이 일본의 개화와 개혁을 본받아야 한다는 주장은 했어도 친일적 자세는 보이지 않았다. 한국이 일본과 중국을 잘못 만났을 뿐이라는 점을 내한 초기부터 주장하였다.

　이런 점에서 일본의 한국 침탈이 가시화되자 강하게 반발하면서 한국의 독립을 지지하는 주장을 강하게 드러냈다. 그는 일본의 보호국화를 저지하려는 한국 측의 노력에 적극 동참하였다. 이후 잡지나 신문을 통해 을사조약의 강제 체결 등 일본의 침략 정책을 정면으로 비판하고 반일적 활동에 나서게 되었다.

　한국인보다 한국을 더 사랑한 미국인 헐버트

대한제국의 특사,
일제 침략에 맞서다

고종의 미국 특사로 임명되다

러일전쟁의 승자가 된 일본은 경쟁자가 사라진 대한제국에 대한 침략의
야욕을 공개적으로 드러냈다. 국제무대에서 한반도의 지배권을 승인받
기 위해 분주히 움직이기 시작하였다.

일본은 미국과 1905년 7월에 가쓰라·태프트 협약을 맺었고, 이어
8월에는 제2차 영일동맹을 체결하여 한반도 지배에 대한 영국의 동의를
얻어냈다. 9월에는 러시아와 포츠머스 조약 체결을 통해 승인을 받아냈
다. 그러자 고종은 일본의 침략을 저지하기 위해 국제무대에서 미국의
지원을 요청하였다. 지원 요청의 근거로 삼은 것은 1882년에 체결된 조
미수호통상조약이었다. 특히 "만약 타국이 불공경모不公輕侮(공평하지 않고
업신여기다)의 일이 있게 되면 반드시 서로 돕고 조정함으로써 그 우위의

두터움을 표시한다"라는 '거중조정居中條項'이 담긴 제1조에 주목하였다. 외국으로부터 부당한 압력을 받을 경우에는 서로 최선의 처리를 강구한다는 내용이었다. 고종은 이 조항을 철저하게 신뢰하였다.

물론 현실은 고종의 의도대로 돌아가지 않았다. 제1차 한일협약이 체결된 직후, 고종은 주일 공사 조민희를 통해 한국의 독립 유지를 위해 노력해달라는 내용의 밀서를 미 국무장관에게 보냈다. 또 포츠머스 회의가 진행되고 있을 무렵에는, 이승만이 민영환과 협의한 뒤에 미국으로 갔다. 고종의 정식 특사는 아니었지만, 윤병구를 통해 루스벨트 대통령에게 일본의 한국 침략을 폭로하고 독립을 위한 지원을 요청하는 청원서를 제출하였다. 그러나 공식 특사가 아니라는 이유로 접수를 거부당하였다.

상황이 이렇게 되자, 고종은 절박한 심정으로 외국인 비밀 특사를 통해 미국 대통령에게 직접 도움을 요청하기로 하였다. 당시 일제의 철저한 감시를 받는 현실에서 미국에 공개적으로 도움을 요청하는 공식 문서를 보내는 것은 거의 불가능한 일이었다. 개인적인 사신私信을 통해 미국 대통령에게 직접 전달하는 방법이 유일했다. 문제는 친서親書를 전달할 마땅한 특사를 찾기가 어렵다는 점이었다. 관료 중에 믿을 만한 인물들은 측근에서 고종을 지켜야 했다. 만약 관료들이 간다고 하더라도 일본 첩자와 일본군에 좌절될 것이 뻔했다. 서재필이나 알렌 전 주한 미국 공사는 미국에 거주하고 있었다. 한국인의 도움 요청이 거절당한 상황에서 국내에 거주하는 외국인 외에는 대안이 없었다.

헐버트의 회고에 의하면, 민영환이 자신을 미국 대통령에게 파견할 고종의 특사로 추천하였다고 한다. 여기에는 고종이 가장 신뢰하는, 친밀한 관계가 크게 작용한 것으로 보인다. 그는 육영공원 시절부터 고종과 친분을 쌓았고, 춘생문사건이 일어났을 때는 다른 선교사들과 함께 고종을 끝까지 보호함으로써 고종의 신뢰를 얻고 있었다.

40대의 헐버트

때마침 그가 미국 감리회 선교 사업 현장을 떠나 있었기 때문에, 선교회의 구속을 받지 않아서 활동하기도 쉬웠다. 무엇보다 헐버트가 러일전쟁 이후 일본의 한국 침략에 대해 크게 분개하며 미국이 대한제국의 국권회복에 적극 지원해야 한다고 생각한 점도 영향을 미쳤다. 그런데 헐버트는 고종의 특사로 미국에 갔으나, 특명전권特命全權 자격으로는 가지 못했다. 고종이나 대신들이 당할 피해를 염려했기 때문에 단순 문서전달자 자격만 부여받을 수밖에 없었다. 제한된 자격 부여는 결국 미국 측이 비밀교섭을 무시하게 되는 빌미가 되었다.

일본의 감시와 첩자들로 넘쳐나는 궁궐에서 고종의 신임장을 전달받다가 발각되면 모든 일을 그르칠 수도 있었다. 그나마 고종의 친서를 챙겨나갈 수 있던 것이 다행이었을 정도였다. 고종의 친서 내용은 나중에 헐버트가 발간한 문서집에 실리기도 하였고, 대한민국 임시정부에서 발행한 『독립신문』 1919년 11월 15일자에 번역문으로 게재되기도 하였다. 헐버트는 미국 특사로 나가기 전에 한국 정부와의 계약을 종료하고 관립중학교 교사직을 사임하였다.

그는 1905년 10월 20일에 요코하마를 거쳐 샌프란시스코로 가기 위해 출발하였다. 떠나기 전에 미국 공사 모건을 만나서 자신이 루스벨트 대통령에게 고종의 친서를 전달할 것이라고 하였다. 자신의 임무가 음모로 보일 것을 염려하였고, 미국인으로서 이를 미국 당국에 알리는 것이 당연하다고 여겼기 때문이다. 또한, 친서 전달 전에 일본이 한국 정부에 영향력을 가해 중단시킬 수 있기 때문에 미국 정부에 친서가 오는 중이라는 것을 알게 해서 친서 전달 중단을 막고자 하는 의도도 있었다.

모건 공사는 헐버트에게 국제변호사의 도움을 받으라고 조언까지 해주었다. 그리고 공사관 외교행랑으로 친서가 미국까지 안전하게 운송되도록 주선해 주었다. 이는 고종의 교섭 전략을 미국에 그대로 알려준 것이 되었다. 모건 공사는 고종의 특사가 미국을 향해 출발했다는 사실을 국무장관에게 전달하였다. 이 사실을 일본 쪽에도 전달한 것으로 알려져 있다.

앞서 보았듯이, 이 시기 미국은 일본에 완전히 기울어져 있었다. 루스벨트는 러일전쟁 중에 "우리는 도저히 일본에 반대하여 한국인들을 위해 개입할 수가 없다. 한국인들은 자신들을 방어하기 위해 주먹 한 방도 날릴 수 없다"라고 언급할 정도로 한국인들을 무시하는 태도를 보였다.

미국은 가쓰라·태프트 협약을 통해 필리핀에 대한 안전을 보장받는 대신 일본의 한국 보호국화를 묵인하였다. 일본의 한국 침략을 비난하던 주한 알렌 미국 공사를 갑자기 모건으로 바꾼 것도 그 때문이었다. 이런 사실을 전혀 알지 못했던 헐버트가 모건 공사에게 협조를 구한 것이었다. 고종과 관료들도 마찬가지였다.

헐버트가 미국 워싱턴을 향해 출발했을 무렵, 일본은 한국 침략을 위한 마지막 작업을 진행하고 있었다. 일본 가쓰라 내각은 이토 히로부미伊藤博文를 특명대사로 삼아 한국에 보냈다. 이토는 불법적인 강제수단을 동원하여 한국 정부로 하여금 을사늑약에 강제로 서명하게 만든 장본인이었다. 고종이 직접 서명하지 않은 불법 체결임에도 불구하고 대한제국은 자주적 독립권을 상징하는 외교권을 박탈당하게 되었다.

을사늑약이 체결된 날, 헐버트는 미국 워싱턴에 도착하였다. 이 사실을 모른 채 그는 고종의 친서를 미국 대통령에게 직접 전달하기 위해 백악관을 갔으나, 백악관에서는 국무성으로 가보라고 하였다. 국무성으로 가니 국무성에서는 그에게 시간이 없다는 이유로 면담 요청을 거절하였다. 그러자 백악관을 다시 찾아가서 비서에게 중요성을 간절하게 거듭 말하고 대통령과의 직접 면회를 요청했다. 백악관과 국무성은 헐버트를 서로 떠넘기는 식으로 대하였다. 이런 과정을 반복한 뒤, 백악관에서는 "헐버트 씨! 우리는 그 친서의 모든 내용을 알고 있소. 당신은 이미 국무성에 가 보라는 지시를 받았으므로 여기서는 아무것도 할 일이 없소"라는 냉랭한 답변이 돌아왔다. 친구의 도움을 받아 국무장관을 만나려는 시도도 결국 실패로 끝나고 말았다.

미 국무성은 일본 정부로부터 고종 황제가 일본 정부에 외교권 일체를 양여한다는 을사늑약이 체결되었다는 전문을 받았다. 그러자 미국 정부는 마치 기다렸다는 듯이 워싱턴 주재 한국 공사관의 확인도 없이 즉각 주한 미국 공사관의 철수를 지시하였다. 이후 워싱턴 주재 한국 공사관에 한국과 관련된 외교 행위는 주일 미국 공사관을 거친다고 일방적으로 통보하였다.

헐버트가 고종의 친서를 미국 국무성에 접수한 것은 11월 25일이었다. 헐버트는 이날 국무장관 루트를 만나서 그에게 고종 친서를 전달하였다. 그러나 그 자리에서 한일 간에 새로운 협약이 체결되었기 때문에 친서 효력이 소멸된다는 미국 정부 측의 의견을 듣게 되었다. 그 자리에서 그는 오히려 "당신은 우리 미국이 일본과 문제가 있기를 바라오?"라는 미 국무장관의 힐난에 가까운 소리를 들어야 했다. 헐버트는 아무 소득 없이 그 자리를 떠날 수밖에 없었다. 물론 항의도 해봤지만, 소용이 없었다. 미국 백악관과 국무부는 고종의 친서 전달을 고의로 지연시키며 을사늑약이 공표될 때까지 철저하게 시간을 끌고 있었던 것이다.

헐버트는 분한 마음을 겨우 진정시키며 고종에게 미국의 공식적인 입장을 전달하였다. 얼마 지나지 않아 그는 고종으로부터 한 통의 전보를 받았다. 그 내용은 "짐은 한국과 일본 사이에 최근 체결된 조약은 무력과 감금 아래 왜곡된 것이다. 그러므로 무효이다. 짐은 결코 그것에 동의하지 않았고 결코 그렇게 하지 않을 것이다. 미국 정부에 전하라"는 것이었다. 헐버트는 이 사실을 미 국무성 차관에게 전달했으나, 어떠한 답변도 들을 수 없었다. 이에 그는 상원의원 모르간에게 한국의 현실을 설명하고, 미국 행정부가 이 문제에 깊은 관심을 갖고 영향력을 행사하도록 강력하게 호소하였다.

이렇게 러일전쟁 직후 일본의 침략에 맞서 고종의 비밀 특사로 미국에 파견된 헐버트의 활동은 성과 없이 끝나고 말았다. 국제무대에서 이해관계 일치에 따라 미국과 일본이 긴밀한 관계를 유지하고 있는 상태에서 미국의 지지를 현실적으로 끌어낸다는 것은 어쩌면 처음부터 불가능한 일이었는지도 모른다.

그러나 소득이 없었던 것은 아니다. 먼저, 고종이 나라의 주권을 지키기 위해 최선을 다했으며, 헐버트에게 전보를 쳐서 을사늑약을 전면 부정하여 을사늑약이 국제법상으로 무효임을 뒷받침하는 근거를 남기게 되었다는 점이다. 오늘날 을사늑약이 국제법상 무효 투쟁에 확실한 역사적 자료가 되고 있다는 점에서 의미가 있었다.

헐버트가 미 국무성에 보낸 고종의 전보를 접수했다는 미국 정부 문건

또한 고종이 국가의 주권을 지키기 위해 끝까지 최선을 다해 저항하는 모습을 보면서, 헐버트가 한국이 처한 정치 현실에 적극 참여하여 한국과 한국인을 위해 활동하게 되었다는 점이다. 한국인의 자주적 국권 회복과 독립을 향한 자유와 평화의 투쟁에 헐버트가 적극 동참하게 된 것이다. 한국의 독립운동 역사에서 한국인들과 함께 싸우는 진정한 친구를 얻게 된 것이야말로 무엇보다 큰 소득이 아닐 수 없었다.

헐버트가 다시 한국에 돌아왔을 때는 이미 을사늑약이 체결된 상태였다. 대한제국의 운명은 일본의 식민지를 향해 치닫고 있었다. 미국에서 국제사회의 철저한 현실을 알게 된 그는 국제사회의 한국 인식이 왜곡으로 가득하며, 세계인들이 지닌 한국의 왜곡된 인식이 일본의 침략 배경에 이용당하고 있음을 인식하게 되었다. 그는 글을 통해 한국에 대한 온갖 그릇된 비방을 변호하고 한국 독립의 정당성을 세계의 여론에 호소할 것을 결심하였다.

고종의 특사 활동이 좌절된 이후, 헐버트는 그동안 써왔던 한국의 역사와 문화를 다룬 서적을 서둘러 탈고하여 출간하였다. 영국 런던에서 1906년 초에 *The Passing of Korea*라는 제목으로 출간하였다.

이 책은 서설, 역사, 산업, 문화예술, 사회제도 등에 관해 총35장으로 구성되었다. 역사적 서술에 치중하기 보다는 한국의 전반에 걸친 내용을 골고루 서술하였다. 내용은 주로 그가 개인적으로 펴냈던 *The Korea Review*에 발표되었던 글과 *The History of Korea*에 서술된 역사적 사실을 요약한 것이다. 그가 20여 년 동안 한국에서 거주하면서 보고 느낀 한국인의 특성과 당시 한국 사회의 현실, 그리고 한국인들의 생생한 삶의 현장을 담고 있다는 점이 특징적이다. 그는 한국과 한국인에 대한 미국인들의 인식에서 받았던 충격을 다음과 같이 언급하였다.

한국인들은 타락되고 경멸받을 민족이며 훌륭한 일을 할 수 있는 능력이

THE
PASSING OF KOREA
BY
HOMER B. HULBERT
A.M., F.R.G.S.
AUTHOR OF "THE HISTORY OF KOREA," "COMPARATIVE GRAMMAR
OF KOREAN AND DRAVIDIAN," "A SEARCH FOR THE
SIBERIAN KLONDIKE," ETC.

Illustrated from Photographs

NEW YORK
Doubleday, Page & Company
1906

Dedicated
TO HIS MAJESTY
THE EMPEROR OF KOREA
AS A TOKEN OF HIGH ESTEEM AND A PLEDGE OF
UNWAVERING ALLEGIANCE, AT A TIME WHEN
CALUMNY HAS DONE ITS WORST AND
JUSTICE HAS SUFFERED AN ECLIPSE

AND

TO THE KOREAN PEOPLE
WHO ARE NOW WITNESSING THE PASSING OF OLD KOREA
TO GIVE PLACE TO A NEW, WHEN THE SPIRIT OF THE
NATION, QUICKENED BY THE TOUCH OF FIRE,
SHALL HAVE PROVED THAT THOUGH
"SLEEP IS THE IMAGE OF DEATH"
IT IS NOT DEATH ITSELF

The Passing of Korea 표지와 헌사

없을 뿐 아니라 지식수준이 낮기 때문에, 독립국가로 존속하는 것보다는 일본의 통치를 받는 편이 좋다고 미국인들이 말하는 것을 여러 번 들었다. 특별한 목적을 위해 꾸며진 이와 같은 비난에 대해 필자는 다음 페이지에서 여러 가지 방법으로 답변할 수 있을 것이다.

－*The Passing of Korea* 서문 중에서

헐버트는 먼저 미국인을 비롯한 서구인들의 인식이 대단히 왜곡되어 있다는 점을 지적하였다. 이와 같은 인식은 여기에서 그치지 않고, 그릇된 정보에 기초한 이해와 악의에 찬 평가를 통해 끊임없이 재생산되고

있으며, 이것이 일본의 침략을 정당화시키는 근거 및 논리로 작용한다
는 점을 비판하였다.

그는 대한제국의 주권 상실을 안타까워하며 일본의 무도한 침략 행위
와 한국의 억울함을 세상에 알리고자 하였다. 이를 통해 일본의 국권 침
탈 속에서 한국에 관한 진실을 밝히고 일본 침략의 부당성을 호소하였
다. 다음에 인용된 글은 그의 저술 의도를 분명하게 보여준다.

> 이 책은, 한국이 심한 곤경에 빠져 있을 때 종종 악의에 찬 외세에 의해
> 시달림만 받을 뿐 옳은 평가를 받아 본 적이 없는 한 국가와 민족의 독자
> 들에게 관심을 불러 일으키기 위해 쓰인 사랑의 열매이다.
>
> *–The Passing of Korea* 서문 중에서

그는 한국의 현실을 안타까워했지만, 한국 및 한국인을 일방적으로
긍정적인 입장에서 서술하지 않았다는 점이 주목할 만하다. 그는 처음
부터 '다른 어떤 나라에 비해 결코 뒤떨어지지 않는 한국이 왜 역사의 무
대에서 몰락할 수밖에 없는가?'라는 질문을 끝까지 놓치지 않았다. 이는
'세계 역사 차원에서 보면, 한국은 서양의 구약시대에 이미 국가의 문을
열었고, 중국처럼 장사에 능숙하지도 못하고 일본처럼 전쟁을 잘하지도
못하나 선량하고 문화적 유산이 세계 어느 나라에 비해 결코 뒤지지 않
는 한국이 왜 역사로부터 사라져야하는가?'라는 의문이었다.

이런 이유로 그는 대한제국의 멸망에 외부적 요인과 내부적 요인이
공존하고 있음을 지적하였다. 그래서 이 책은 한국의 역사와 문화를 제

대로 소개하겠다는 의도에서 제작되었지만, 오히려 내용적인 면에서는 한국에 대한 비판적인 서술도 적지 않았다.

먼저 그는 역사에 대한 반성 차원에서 대한제국 멸망의 내부적 원인에 대해 상당한 분량을 할애하였다. 헐버트가 우선적으로 지적한 것은 지배 계급의 부패였다. 그는 대한제국의 멸망이 내재적 모순도 작용하고 있다는 점을 날카롭게 지적하였다. 관찰사 자리가 5만 달러에 팔리고, 현감이 5백 달러에 거래되는 현장을 바라보면서 이 나라가 망하는 길로 가는 것이 아닐까 하는 생각을 하게 되었다. 백성들의 삶을 더욱 괴롭히는 것이 이러한 매관매직과 직접 연결된 아전들의 횡포였다. 이는 결국 민심의 이반으로 연결된다고 보았다.

이러한 상황에서 사태를 더욱 악화시킨 것이 황실과 지배 계급이었다고 하였다. 지도적 위치에 있는 지배 계급이 문명 진보에 적극적으로 대응하지 못함에 따라, 정한론征韓論으로 무장한 일본 침략자들의 적수가 되기에는 역부족이었다고 하였다. 메이지유신 이후 계급 특권을 박탈당한 사무라이들이 살길을 찾아 서구의 문물과 관료 제도를 적극 받아들이고 있을 때, 조선의 지배 계급은 시대의 심각성을 제대로 인식하지 못했고, 주자학적 중화주의에 머물러 세계 대세를 놓쳤다고 보았다. 그는 어떤 정치적 인물보다도 대원군이 유연하게 대처했음에도 불구하고 주어진 기회를 놓쳤다는 점을 안타깝게 생각하였다. 이 부분은 한국인들로서는 지금 들어도 가슴 아픈 지적이다. 어떤 시대이건 간에 한 국가의 약화와 멸망이 지배 계급 및 지도자들의 부패와 떼려야 뗄 수 없는 관계를 갖는다는 경고는 오늘을 사는 사람들이 귀담아 들어야 할 대목이다.

또한 당시 보수파에 대항한 개화파도 있었으나 개혁의 조급성으로 일을 그르치고 말았다고 보았다. 그가 보기에 개혁 세력은 지금이 아니면 아무 것도 이룰 수 없다고 여기는 조급한 젊은이들에 불과하였던 것이다. 그들의 진심이 아무리 순수하고 국가와 국민을 위한 행동이었다고 하더라도 김홍집과 어윤중이 길거리에서 돌에 맞아 죽는 것을 보면서, 그들이 난세에 살아남는 지혜가 미흡했음을 안타까워하였다. 그들이 본심과 달리 친일적 성향을 보인 것 또한 경륜이 미숙했음을 의미하며 일차적으로 그들이 책임져야 할 문제라고 보았다.

그러나 이와 같은 모든 내재적 요인을 고려한다고 하더라도, 그는 대한제국의 멸망에 일제 침략이 결정적인 외부적 요인으로 작용하고 있음을 빼놓을 수 없다고 보았다. 이와 함께 외부적 요인 중에서도, 특히 미국의 배신도 결코 잊어서는 안 된다는 것이 헐버트의 확고한 입장이었다. 그는 이에 대해 다음과 같이 서술하였다.

미국은 한국과 국교를 맺은 최초의 서방 국가이며 그 자리에서 체결된 조약에서 미국은 한국의 안전과 이익을 존중하겠노라고 약속했다. 미국은 야수와 같은 폭력에 대항하여 정의를 구현하기 위해 「공정한 거래」의 편에 서서 공공연히 싸웠으며, 한국은 자신의 독립이 유린될 때에는 이를 막아 줄 수 있는 국가로 다른 어느 나라보다도 미국에게 구원을 요청할 권리를 갖는다는 말을, 한국에 거주하는 미국의 외교관들과 민간인들은 수없이 되풀이했다. 그러나 한국인에게 환난이 닥쳐오고 그토록 되풀이하던 공언이 순수한 것이었음을 입증하기 위해서라도 미국의 맑은 우의가 절실하게 필요하게 된 무렵에 미국은 그토록 약삭빠르고, 차가우며, 심한 멸시의 눈초리로 한국인의 가슴을 할퀴어 놓음으로써 한국에 살고 있는 점잖은 미국 시민들을 분노하게 만들었다. 기울어 가는 조국을 건질 길이 없게 되자 충성심이 강하고 지적이며 애국적인 한국인들이 스스로 목숨을 끊는 동안에 한국 주재 미국 공사 모건E.V. Morgan은 이 흉행의 장본인들에게 샴페인을 따르면서 축배를 들고 있었다.

헐버트는 미국이 가장 모욕적인 방법으로 한국을 배신했다고 보았다. 그는 '미국은 한국이 조약을 맺은 최초의 서방국가'임을 말하면서, 열강의 한국 침략과 관련해서 미국은 '한국 독립이 유린될 때 누구보다도 먼저 미국이 구원할 것'이라며 '한국에 거주하는 미국인 외교관과 민간인들이 지속적으로 언급'했다는 점을 지적하였다. 따라서 한국인들은 미국이 반드시 위기에 처한 한국을 도와줄 것이라는 강력한 믿음을 갖게 되었던 것이라고 하였다.

그러나 을사늑약으로 외교권이 강탈당할 무렵, 미국의 도움이 가장 절실할 때 오히려 '그토록 약삭빠르고, 차가우며, 심한 멸시의 눈초리로 한국인의 가슴을 할퀴어 놓았다'고 비판하였다. 헐버트는 이러한 헛된 약속에 대한 책임을 추궁하였고, 그 책임을 다하는 것이 곧 정의임을 주장하였다. 아무리 약육강식의 정글 법칙이 판치는 국제무대라고 하지만, 지켜야할 도리가 있음을 강조하였다. 상대와 이해관계에 따라 자신의 행동을 밥 먹듯이 뒤집는 것은 개인뿐만 아니라 국가도 불의한 행위라고 보았다. 이런 인식은 향후 자기 자신이 미국인임에도 불구하고 일제의 침략에 고통당하는 한국 현실에 대한 미국의 책임을 지속적으로 묻는 주된 원인이 되었다. 이것이야말로 헐버트가 한국인을 위한 독립 운동에 헌신하게 된 원동력이었다.

그런데 헐버트의 저술에는 더 큰 목적이 있었다. 모든 한국인들이 망해가는 대한제국을 바라보며 어쩔 수 없는 자신의 처지를 한탄하거나 외세의 탓으로만 치부해버리며 절망에 빠지지 말라는 점이었다. 오히려 근대 문명의 힘을 앞세운 일제의 침략에 압도당하지 말고, 다시 부활할 수 있다는 희망을 갖고 앞으로 나아가라는 위로와 격려의 메시지를 전하기 위함이었다. 당시 국권이 상실당하는 고통에 처해 있으나 한국인들이 자주적 국권회복의 희망을 품고 현실을 개혁하며 진로를 개척해 나간다면 미래에 반드시 독립이 이루어질 것이라고 역설하였다.

헐버트는 이 책의 끝 부분에서 결론적으로 이제 민족의 멸망을 저지하기 위해 대한제국의 지도자와 국민이 어떻게, 무엇을 해야 할 것인가를 최종적으로 묻고 있다. 그는 자신을 정복한 민족과 대등하게 될 때까지 민족의 교육에 전념해야 하며, 순수한 인간성 및 윤리성을 무기로 하여 일본인이 한국에 느끼고 있는 멸시를 상쇄할 수 있는 능력을 갖추도록 최선의 노력을 해야 한다는 충고를 하였다. 교육을 통해 민족의 자존을 회복하는 것이 무엇보다도 중요함을 강조하였다.

이렇게 헐버트는 무엇보다 '절치부심切齒腐心'의 마음으로 한국인들이 분투奮鬪하기를 격려하고자 하였다. 나아가 세계인들이 그러한 한국인을 이해하며 자주적 독립의 길로 나아갈 수 있도록 정의의 차원에서 지원해달라는 간절한 호소를 담고자 하였다.

제2차 헤이그 만국평화회의 특사로 임명되다

헐버트는 1906년 6월 초에 가족과 함께 한국에 오자마자 오래전부터 준비하던 『교육총서』 편찬을 진행함과 동시에 일제 침략에 맞선 한국인을 도울 수 있는 방법을 찾기 시작하였다.

한편, 고종은 미국에 대한 '짝사랑'이 별 소득 없이 끝나갈 무렵, 한국 문제를 국제적으로 알리기 위한 방향으로 전략을 바꾸었다. 국제사회에 직접 호소하는 방법 밖에 없다고 판단하고, 을사늑약의 불법성을 알리고 한국 문제에 대한 적극 개입을 호소하는 방식을 추진하기로 한 것이었다. 이를 위해 국교를 맺고 있던 상대국에 특사를 파견하여 친서를 전달하고, 도움을 요청할 계획을 세웠다.

이런 점에서 1906년 8월에 개최될 예정이었던 제2차 만국평화회의에 47개국이 참석한다는 소식이 알려졌다. 국제무대에서 서구 열강의 지원을 끌어낼 수 있는 너무도 좋은 기회였다. 제1차 만국평화회의는 러시아 황제 니콜라이 2세의 발의로 헤이그에서 1899년에 개최되었다. 이 회의에서는 군비 축소와 중재 문제 논의, 중재재판소 설립안 등에 대한 합의를 보았다. 열강들의 이해관계로 큰 성과를 낼 수는 없었으나, 각국이 한 자리에 모여 국제사회의 문제를 함께 논의하기 시작했다는 데 의의가 있었다.

대한제국은 비록 제1차 회의에 정식 초청을 받지 못했으나, 1902년 초부터 제2차 회의 개최 정보를 입수하고 참가 준비에 들어갔다. 네덜란드 외무장관을 통해 1902년 2월에 만국평화회의의 가입 신청을 미리 해

놓은 상태였다.

제2차 회의는 미국 루스벨트 대통령이 1904년 10월에 먼저 제안하였다. 그러나 포츠머스조약 체결 직후 미국 측과 합의가 이뤄지면서 러시아가 회의를 주관하는 것으로 결론이 났다. 바로 이 무렵, 그동안 대한제국에 미온적이던 러시아가 헤이그 만국평화회의 초청장을 직접 보내왔다. 초청장에는 대한제국의 주권 불가침을 인정하며, 국제회의에서 견해를 밝힐 수 있도록 돕겠다는 내용이 담겨 있었다. 러시아가 직접 나서서 돕지 못해도 간접적으로 후원하겠다는 의미였다. 이는 러시아에게는 러일전쟁을 통해 상실된 한반도 영향력을 회복하는 측면이 있었고, 대한제국에게는 국제무대에서 강력한 지원 세력이 있다는 점을 각인시키는 효과가 있었다.

이 소식은 고종에게 천군만마와 같은 것이었다. 이에 힘을 얻은 고종은 헤이그 만국평화회의 개최 전에 조약 체결국에 먼저 특사를 파견하기로 결심하였다.

이용익은 고종의 명으로 받고 1905년 9월에 러시아로 건너가서 국내와 비밀리에 접촉을 하면서 만국평화회의를 준비하였다. 주러 공사 이범진, 연해주 지역의 독립운동단체 동의회同義會 등과 함께 헤이그 특사 파견을 계획하였다. 그리고 고종의 친서를 전달하고, 제2차 만국평화회의와 관련하여 도움을 요청하는 일을 포함하여 사전 조율의 역할을 담당하였다. 특사 파견이 성공하기 위해서는 열강의 지원이 반드시 필요했기 때문이다.

헐버트는 1906년 6월 22일에 헤이그 만국평화회의 특사로 임명되었다. 이는 고종이 신임하는 외국인 가운데 가장 믿을 수 있는 사람이라는 점을 다시 상징적으로 보여주는 증거였다. 특사 위임증은 그가 어떤 역할을 맡았는지를 말해주고 있는데, 그 내용의 일부분은 다음과 같다.

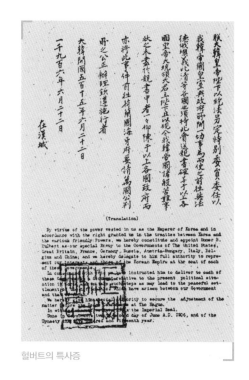

헐버트의 특사증

짐은 헐버트를 미국, 영국, 프랑스, 독일, 러시아, 오스트리아, 헝가리, 이탈리아, 벨지움(벨기에 - 필자 주) 및 중국 정부에 특별사절로 임명한다. 차제에 그에게 전권을 부여하여 짐과 또 대한제국의 제반관계를 위해 열거한 제국 정부에 대표케 한다. 동시에 짐은 그에게 정치 현황에 관한 문서를 각국 정부에 전달케 하고 본국 정부와 일본 정부 간에 야기된 여러 가지 문제를 헤이그 평화회의에서 현 사태의 조정을 담당하도록 특별사절의 자격을 부여한다.

고종은 일본에 철저하게 감시당하는 상황에서 비밀 자금을 조달하고 특사를 보내는 치밀한 계획을 세웠다. 이 거사는 고종의 강력한 주권 수호의지를 상징적으로 잘 보여준다. 그가 영국 국왕에게 보내는 친서에는 그러한 의지가 잘 드러난다.

영국 국왕 폐하
여러 해 동안 대한제국 정부는 귀국 정부와 우방 관계를 유지해 오면서 귀
국의 호의를 입기도 하였는바, 정의가 바로 서기를 바라는 귀국은 작금의
대한제국이 처해 있는 어려움을 헤아려 주시리라 기대합니다. ……
을사늑약은 국제법적으로 무효이며, 대한제국 황제는 어떠한 경우라도 대
한제국의 독립을 해치는 어느 조약의 비준에도 자발적으로 동의하지 않을
것임을 선언합니다. 더욱이 이른바 지난 11월의 조약을 해치우면서도 보
여 준 일본의 폭력적 태도에 비추어, 만약 어느 국가가 대한제국이 을사늑
약에 동의했다고 주장한다고 한다면 대한제국 황제는 그 주장은 완전한
허위라는 것을 말씀드립니다. 그렇지 않으면 그러한 주장은 무력을 행사
하여 또는 신체에 대한 위협에서 기인하였음을 천명하는 바입니다. ……

고종은 각국 원수들에게 보내는 친서親書에서 을사늑약이 국제법상
무효임을 강력하게 역설하였다. 이에 대한 증거로 정부 대신의 서명이
위협과 강압으로 이루어졌고, 황제가 내각에 조약문서 서명 권한을 준
적이 결코 없으며, 조약이 서명된 내각회의 자체가 내각이 소집한 것이
아니라 일본이 소집한 것이라는 점에서 불법이라는 사실 등을 제시하였
다. 그리고 이 사건을 헤이그 만국재판소에 공판으로 부치고자 한다는
점을 분명히 밝히며 이에 대한 지원을 요청하였다.
고종은 헐버트에게 궁극적으로 헤이그 상설중재재판소에 한국 문제

를 제소하라는 임무까지 부여한 것으로 보인다. 현상건이 1903년 여름 유럽에서 확인한 결과를 기초로 헐버트에게 중재재판소에 한국 문제를 제소하라는 임무를 맡긴 것이다. 제1차 만국평화회의의 결과로 국가 간의 분쟁을 조정할 상설 중재재판소가 개설되었다. 중재재판소는 강대국 간의 분쟁을 중재하는 성격이 강했지만, 국제사회에서 한국 문제를 적극적으로 알리고 지원을 끌어낼 수 있는 계기가 될 수 있는 점은 분명하였다.

그런데 헐버트의 특사 파견 활동은 바로 실현되지 못했다. 그것은 헤이그 만국평화회의가 1년 뒤로 연기되었기 때문이다. 그 결과 헤이그 만국평화회의는 1907년 6월에 개최하게 되었다.

제2차 만국평화회의 연기 원인에 대해서는 몇 가지 이유가 있었다. 먼저 군비 축소를 둘러싼 갈등으로 인해 독일과 오스트리아가 회의 참가를 거부하여 문제가 일어났다. 같은 시기에 리우데자네이루 미주회의 美洲會議, Pan American Conference 일정이 잡혀 있던 관계로 미국이 회의 연기 요청하였다. 또한, 국제차관을 통해 러시아가 심각한 재정위기를 해결한 뒤인 1906년 4월에서야 만국평화회의 준비를 시작하게 되었다는 내부 사정 등이 복합적으로 겹쳤기 때문이다.

이에 따라 1907년 1월경부터 제2차 만국평화회의 개최 문제가 다시 불거지기 시작하였다. 불행하게도 그해 2월에는 러시아에서 만국평화회의를 준비하며 요양 중이던 고종의 측근 이용익이 사망하였다. 고종은 당황할 수밖에 없었다. 그동안 국권회복을 위해 애쓰던 충복의 죽음은 고종에게 큰 슬픔이었으나, 좌절하고만 있을 수 없었다. 제2차 만국평화

헤이그 한국인 특사 이상설, 이준, 이위종

회의가 다시 개최된다는 소식이 공식적으로 국내에 전해졌기 때문이다.
고종은 새롭게 특사단을 조직하기 시작하였다.

　제2차 헤이그 만국평화회의 일정이 1907년 6월로 확정되자, 헐버트
외에 이상설, 이준, 이위종이 특사로 선정되었다. 이상설은 을사조약 이
후 관직을 버리고 구국운동에 나선 인물이었다. 1906년에 한국을 떠나
서 블라디보스토크에 있는 이용익이나 페테르부르크에 있는 이범진의
도움을 받아 만국평화회의에 참석하려고 했으나, 회의가 연기되면서 만
주 용정으로 이동하여 머무르게 되었다.

　이준은 법관양성소에서 법률을 공부하였고, 독립협회에서도 활약한
인물이었다. 보안회를 조직하여 일본의 황무지 개척권 요구를 배척하

고, 을사조약 이후에는 국민교육회를 조직하여 교육을 통한 구국운동에 힘쓰고 있었다.

이위종은 주러 한국 공사 이범진의 아들로, 상트페테르부르크에 머물던 중에 고종의 특사 밀명을 받았다. 그는 당시 러시아 여성과 결혼하고 러시아정교회로 개종한 외교관이기도 하였다. 특사들 가운데 영어와 프랑스어, 러시아어를 능숙하게 구사할 수 있었던 거의 유일한 인물로 헤이그에서는 특사의 통역과 대변인을 담당하였다.

그렇다면, 당시 이들과 헐버트는 어떤 관계가 있었을까? 그리고 어느 정도 알던 사이였을까? 헐버트와 한국인 특사들이 얼마나 소통하면서 만국평화회의에 파견되었는지를 알려주는 자료는 없으나, 이들이 특사 파견 이전에 이미 다양한 활동 속에서 친분관계를 맺고 있었다는 점은 분명한 것으로 보인다.

이들 가운데 이상설과 이준은 헐버트와 직접적인 관계가 있었다. 이상설이 한성사범학교에 잠시 근무할 때 헐버트로부터 신학문과 영어, 불어를 배운 적이 있었다. 그리고 학부협판에 임명되어 외국인 교사들의 행정을 담당하는 직위에 있으며 헐버트와 오랜 기간 친밀감을 유지하였다. 이준은 YMCA 초창기부터 적극적으로 참여하여 활동하던 인물로, YMCA 창립과 초창기 운영에 중심적 역할을 담당하던 헐버트와는 잘 알고 있었을 것으로 추측된다.

그리고 이들은 감리교 상동교회에 설치된 상동청년회 및 상동청년학원에서 함께 활동하기도 하였다. 상동청년회는 교회 내에 있는 신앙 청년 단체로, 이준과 주시경 등이 활약하였다. 이상설은 정부 상위 관직에서 청년회 후원자 역할을 담당하였다. 헐버트는 상동청년회가 1904년에 중등교육기관으로 설립된 상동청년학원에서 역사를 가르치며, 감리교회에 속하는 상동교회의 선교활동에 직간접으로 참여하고 있었다. 당시 상동교회는 만국평화회의를 준비하던 헐버트와 이상설, 이준 등에게 없어서는 안 될 중요한 장소였다. 이곳을 통해 이들의 친분관계가 형성되었고, 특사 임명과 준비, 활동에 크게 영향을 미쳤을 것으로 보인다.

당시 상동교회의 역할이 컸던 배경에는 교회를 이끌던 전덕기 목사의 역할이 컸던 것으로 알려져 있다. 그는 당시 감리교 목사였으나, 애국계몽활동과 구국기도회 개최 등 구국운동을 적극적으로 전개한 인물이었다. 또한 이회영도 빼놓을 수 없다. 그는 상동학원 학감으로 고종과 특별한 관계에 있었다. 이회영의 며느리가 고종의 생질녀였고, 사돈 조정구가 궁내부 대신이었으며, 조정구의 아들 조남승이 고종의 최측근으로 활동하였다. 이회영은 후일 형제들과 함께 중국으로 건너가 독립운동에 크게 기여하였다. 이런 점에서 만국평화회의 특사 파견에는 상동교회를 매개로 형성된 인적 네트워크가 작동하고 있었음을 알 수 있다.

한국인 특사 파견과 국제정세 변화

고종은 헤이그에 파견할 한국인 특사를 물색하던 중 이준의 소식을 듣게 되었다. 이준 역시 국권회복을 위해 만국평화회의에 호소하는 길 밖에 없다는 생각을 가지고 있었다. 고종은 김상궁을 통해 이준으로 하여금 극비리에 입궐하라는 칙명을 내렸다.

1907년 3월 중순경 중명전에서 고종과 이준의 만남이 이루어졌다. 이 자리에서 특사로 임명된 이준은 고종에게 국외에 있는 이상설과 이위종도 특사로 함께 파견해 줄 것을 요청하였다. 동시에 각국 국가원수에게 보낼 친서와 만국평화회의에 갖고 갈 친서도 요청하였다. 이준을 비롯한 이상설과 이위종은 4월 20일자 날짜가 적힌 특사 임명장을 받았다. 이시영의 증언에 의하면, 특사증은 고종이 헐버트에게, 헐버트가 이회영에게, 이회영이 이상설에게 전달한 것으로 보인다. 만주 용정에 머물던 이상설과 러시아에 있던 이위종 등은 이준과 함께 한국인 특사로 파견되었다.

그렇다면 철저하게 감시당하는 상황에서, 어떻게 특사 임명장과 고종의 친서 등을 궁궐 밖으로 갖고 나오고, 이를 국외로 갖고 나가게 되었을까? 자칫하면 불심검문에 걸려 특사증과 친서를 강탈당하거나 발각될 수도 있는 상황이었다. 그렇게 되면 헤이그 만국평화회의에 참석도 제대로 못한 채 사전에 좌절되거나 이를 주도한 고종의 안전에도 큰 위험이 될 수 있었다. 궁궐 밖으로 잘 나왔다고 하더라도 국외로 나가는 중에도 발각될 수 있는 상황이었다. 여기에는 여러 설이 있으나, 헐버트가 직간접적 역할을 한 것이 가장 널리 받아들여지고 있다. 그는 뒷날 한 친구에게 보낸 편지에서 이 같은 사실을 밝혔다.

헐버트는 한국인 특사가 임명되고 얼마 지나지 않아 고종을 만나고 나오면서 큰절을 하였다. 그 순간 고종이 용포 자락에서 보자기를 떨어뜨리면서 눈짓을 했고, 헐버트가 이를 알아채고 보자기를 집어 들어 양복에 숨겨서 궁궐 밖으로 나왔다. 보자기에는 특사증과 친서가 들어 있었다. 그러나 이를 국외로 갖고 나가는 문제를 해결하는 것이 시급했다. 이때 헐버트는 미국 남장로회 불^{William F. Bull} 선교사 가족이 유럽에 간다는 소식을 듣게 되었다. 헐버트는 불 부부에게 친서를 가져가 달라고 부탁하였고, 이후 러시아 모스크바에서 불 부부로부터 넘겨받을 수 있었다.

이준은 준비를 마치고 1907년 4월 22일에 서울을 떠나 부산을 거쳐 러시아 블라디보스토크로 향하였다. 그리고 4월 26일에 북간도에서 이상설과 이준이 만났고, 이들은 이위종을 만나기 위해 러시아 페테르부르크로 향하였다. 헐버트도 1907년 5월 8일에 서울을 떠나 일본을 거쳐 블라디보스토크로 향하였다. 그는 '다시는 한국에 돌아올 수 없을 것'이라는 비장한 각오 아래 가재도구를 모두 정리하고 가족들과 함께 출발하였다.

한편, 헤이그 한국인 특사 파견 과정에서 주목되는 점은 일본 통감부가 한국인 특사들의 움직임을 거의 파악하지 못했다는 점이다. 일본은 헐버트가 을사늑약 당시 미국을 방문한 '특사'였기 때문에 고종이 헤이그 만국평화회의와 관련된 어떤 일을 추진한다면 분명히 헐버트를 통할 것이라는 판단을 하고 있었다. 일본은 헐버트를 헤이그 특사의 중심으로 보고 한국인 특사에 대해서는 크게 주목하지 못했다.

당시 일본 측 사료들을 보면, 일본은 헐버트가 헤이그 만국평화회의에서 일본의 보호국화 조치가 부당하다는 점을 호소하려는 계획을 이미 알고 있던 것으로 나타나 있다. 고종은 헐버트를 만국평화회의에 파견할 계획에 대해 주한 프랑스영사 벨렝^{Belin}과 주한 러시아총영사 플란손

George de Planson에게 의뢰하면서 양국 정부의 지원을 구한 적이 있었다. 벨렝은 고종의 의뢰를 어리석은 계획이라고 응답하였고, 이를 일본 이토 통감에게 즉각 알리고 말았다. 이런 상황에서 일본은 고종이 헤이그 만국평화회의에 특사를 파견한다면 반드시 헐버트에게 맡길 것이라고 판단하고, 한국인 특사에 대해 크게 의심하지 않고 있었다.

일본은 이준과 이상설이 만국평화회의에 참석하기 위해 러시아로 출발했다는 보고를 받고도 별다른 조치를 취하지 않았다. 이준과 이상설의 움직임을 헐버트와 관련하여 생각하지 못했기 때문이다. 그 결과 한국인 특사의 헤이그 도착을 보고 받은 후에도, 일본은 여전히 헐버트를 배후 지원자로만 지목하고 있었다. 헐버트는 일본의 정보망에 큰 혼선을 불러 일으켰다. 한국인 특사들이 별다른 의심을 받지 않은 채 헤이그로 향하는 데 기여했던 것이다.

이처럼 헐버트는 일본의 감시를 자신에게 집중하게 함으로써 한국인 특사의 헤이그 입성에 기여하였다. 그가 이준보다 늦게 서울을 출발한 것도 이준이 서울을 완전히 빠져나가기 위해 의도된 행동이었을 가능성이 크다. 처음부터 끝까지 헐버트의 신중하고 계산된 행동은 일본으로 하여금 혼란을 불러 일으켰고, 한국인 특사들이 무사히 헤이그로 향하는 데 큰 힘이 되었다. 일본의 허점을 제대로 짚은 용의주도한 행동이었다.

한편, 헐버트는 이상설, 이준과 거의 같은 시기인 5월 중순경에 블라디보스토크에서 시베리아 횡단열차를 타고 페테르부르크에 도착하였다. 그가 이상설, 이준 등과 함께 블라디보스토크나 페테르부르크에서 만났는지 알려주는 기록은 없지만, 이들이 거의 같은 시기에 블라디보

블라디보스토크 거리 전경

스토크에 체류했다는 점과 그곳에서 유럽행 기차를 탄 시점도 비슷하다
는 점 등에서, 헐버트가 블라디보스토크에서 이들과 소통하지 않았다는
것이 더욱 이해하기 어려울 정도이다. 이들은 공개적인 접촉을 신중하
게 하면서도 지속적인 연락을 통해 헤이그 만국평화회의에서 다시 만날
수 있었던 것으로 보인다.

　페테르부르크에 도착한 헐버트는 러시아 외무장관 이즈볼스키Iswolsky
에게 러시아 황제와의 면담을 요청하였다. 고종의 친서를 전달하기 위
해서였다. 그러나 당시 일본과의 협약으로 바빴던 러시아는 이를 거절
한 것으로 알려져 있다. 헐버트는 러시아가 이미 일본에 크게 기운 것으
로 보았다.

러시아는 이미 일본 외상 하야시에게 헤이그 만국평화회의에 한국 참가가 불가능해졌음을 통보한 상태였다. 러시아가 만국평화회의에 한국을 초청하기로 결정했다는 초청장을 보낸 뒤, 꼭 1년 뒤의 일이었다. 기존의 태도를 철회하며 1년 만에 180도 다른 태도를 보인 것이었다.

러시아의 태도가 달라진 이유는 대외정책 변화에서 그 원인을 찾을 수 있다. 러시아는 패전과 혁명의 위기 속에서 체제유지와 내부개혁의 성공을 위해 무엇보다도 평화적 대외환경이 필수적으로 요구되었다. 기존의 막강한 군사력에 기초한 전통적 팽창정책에서 벗어나서 협상과 타협을 통해 체제의 안정을 도모할 필요가 있었던 것이다. 그것은 적성국인 영국과 교전국이었던 일본과의 관계에서도 마찬가지였다. 러시아는 이들과의 타협과 협약 체결에 초점을 맞추었다. 불행하게도 러일협약과 영러협상의 체결은 시기적으로 제2차 헤이그 만국평화회의와 맞물려 있었다. 일본의 반발을 의식한 러시아가 한국의 헤이그 평화회의 초청을 포기한 것이었다. 이는 또다시 국제사회에서 영원한 적도 영원한 친구도 없다는 엄연한 현실을 적나라하게 보여준 사건이었다.

러시아 황제의 만남이 좌절된 헐버트가 그 자리에서 어떻게 대응했는지 알려주는 자료는 없다. 다만 한국 문제를 협상카드로만 활용하려고 한 러시아의 모습을 보면서 국제사회의 냉엄한 현실을 더욱 처절하게 느끼지 않았을까.

헤이그 만국평화회의 활동

러시아 황제의 면담 거절 이후, 헐버트는 러시아를 떠나 베를린으로 향하였고, 특사들은 헤이그로 향하였다. 헐버트와 한국인 특사들은 자신들의 임무를 수행하기 위해 따로 행동하기 시작하였다.

헐버트와 한국인 특사가 맡았던 임무는 동일하였다. 한국 침략에 대한 일본의 불법성을 조약 체결 국가원수들과 국제여론에 호소하여 을사늑약의 무효를 선포하고 독립을 쟁취하려는 것이었다. 이를 위해 먼저 한국인 특사가 만국평화회의에 공식적으로 참석하여 국제분쟁 평화적 처리 조약에 가입하고, 이를 전제로 헐버트가 상설 국제중재재판소에 제소한다는 역할만이 다를 뿐이었다.

먼저 이위종과 합류한 한국인 특사들은 1907년 6월 25일에 페테르부르크를 떠나 헤이그에 도착하였다. 이들은 6월 27일자로 서명된 각국 대표에게 보내는 공고사(탄원서)를 지니고 활동을 개시하였다. 그러나 일본의 집요한 방해 공작과 열강의 냉담한 반응으로 인해 성과를 거두지 못했다. 특히 의장국인 러시아의 냉담한 반응은 커다란 장벽이었다.

한국인 특사들은 중재 재판을 취급하는 만국평화회의의 제1분과위원회를 찾아가 한국 문제를 다루어 줄 것을 요구했으나, 거절당했다. 일본을 제외한 참가국에 탄원서를 배포하고, 평화회의 의장인 러시아의 넬리도프 백작을 방문하였으나, 면담이 거부되었다.

러시아 외상 이즈볼스키는 한국인 특사들이 헤이그로 가기 위해 페테부르크에 도착했다는 보고를 받고, 이를 주불 러시아 대사이면서 평화

한국인 특사들이 도착한 헤이그역의 모습

회의 의장인 넬리도프에게 "이들이 헤이그에 도착하여 넬리도프의 협조를 구할 경우 이를 거절해 줄 것"을 전달하였다. 일본과 조약 체결을 준비하던 러시아는 한국인 특사 활동을 철저하게 거부하는 태도를 보인 것이었다. 특사들은 이후 영국, 미국, 프랑스, 독일 등의 대표위원들을 만나 한국 독립문제 지원을 호소하였으나, 결과적으로 모두 거절당하고 말았다.

이어 네덜란드 수석대표 드 보퍼르W.H. de Beaufot를 방문하였다. 드 보퍼르는 한국인 특사의 방문 소식을 듣고 그들을 만나기 전에 넬리도프에게 조언을 구하였으나, 오히려 "러시아는 대한제국의 운명을 전적으로 일본에게 위임하였고, 대한제국의 저항은 쓸모없는 것"이라는 답변

한국인 특사를 지원한 스테드

을 듣게 되었다. 드 보퍼르는 이런 입장을 한국인 특사들에게 전달하였다.

한국 문제가 무참하게 거절당하는 현장에서 한국인 특사들에게 호의적이며 도와주는 사람들도 있었다. 그들은 헐버트가 사전에 교섭해 놓은 영국 언론인 스테드 William T. Stead, 평화운동가 스테너 등이었다. 이들은 한국의 불행한 처지를 알리고 대한제국 정부의 입장을 지지하였다.

특사들과 헤어진 것으로 보이는 헐버트는 페테르부르크에서 헤이그로 곧바로 가지 않았다. 그는 베를린으로 가서 스테드를 만나 한국의 처지를 호소하여 그의 협력을 얻어 냈다. 한국인 특사의 「공고사」 전문이 *Courrier de la Conferencè*(평화회의보)에 게재될 수 있도록 설득하였을 뿐 아니라 한국인 특사 활동에 도움을 요청하였다. 측면에서 한국인 특사를 지원했던 것이다.

특히 스테드는 만국평화회의 국제협회The Foundation of Internationalism 회장으로 협회의 회보인 *Courrier de la Conferencè*의 편집을 주도하던 인물이다. 그는 이미 헐버트가 1899년 미국 잡지에 기고한 "Korean Inventions"이란 글을 영국 신문에 게재하기도 하였다. 헐버트는 한국인 특사에 대한 지원을 부탁하기 위해 스테드와 사전에 접촉한 것으로 보인다. 「공고사」 전문을 *Courrier de la Conferencè*에 게재하도록 지원하였고, 여기에 직접 「무슨 이유로 한국을 제외하였는가?」라는 논설을 실어 한국인 특사들의 활동을 자세히 보도하였다. 또 국제협회에 특사들을 초대하고 이위종이 평화클럽에서 연설하는 데 도움을 주었다. 이렇게 평화회의 참석이 좌절된 상황에서 스테드의 후원을 받아 한국인 특사들이 국제여론에 호소하여 한국 상황을 알리고 동정을 얻어내는 데에는 헐버트의 역할이 컸음을 알 수 있다.

이어 헐버트는 스위스도 갔는데, 미 북장로교 선교사 언더우드Horace G. Underwood가 요양차 스위스에 머물러 있었기 때문이다. 헐버트는 그를 만나 향후 활동에 대한 조언을 얻고자 하였다. 두 사람은 미국이 조약 체결국들 중 현재 한국의 지위를 결정짓는 데 주도적 역할을 맡아왔기 때문에, 무엇보다 미국의 지지 입장을 확실하게 받아둘 필요가 있다고 생각하였다. 각국 원수들에게 고종의 국권회복 호소를 들어달라고 요청할 경우, 그들은 분명히 미국의 입장이 어떤지를 물어볼 것이 틀림없다고 예상했기 때문이다. 따라서 헐버트는 자신의 사명을 완수하기 위해서는 먼저 미국의 협조를 얻어내는 것이 필요하다는 점을 다시 한 번 인식하게 되었다.

언더우드와 헤어진 뒤 그는 바로 프랑스 파리로 향하였다. 현지 신문들은 헐버트가 파리에 도착하였다고 보도하였다. 헤이그 주재 츠즈키 일본 대사도 그대로 일본 외무성에 보고하였다. 일본은 그가 파리에 도착하기에 앞서 스위스로 가서 언더우드를 만났다는 사실을 파악하지 못하고 있었다.

헐버트는 파리에서 대한제국 황제가 일본의 국권강탈을 헤이그에서 항의하기 위해 자신을 비밀리에 파견했다는 풍문은 사실이 아니라고 밝했다. 하지만 일본이 서양인들과 한국인들을 배제하고 한국의 모든 자원을 독차지할 것이기 때문에 서구 열강들이 현재의 한국 문제에 무관심하게 대처한다면 언젠가 후회하게 될 것이라고 역설함으로써 한국인 특사들을 측면에서 적극 지원하였다.

헐버트의 파리활동 상황을 보고받은 하야시 외무대신은 주불공사 구리노 신이치로栗野愼一郎에게 대한제국 황제의 칙명을 받들고 독립운동을 시도하기 위해 헤이그로 갔다는 헐버트가 현재 파리에 체재 중이므로 그의 거동에 주의를 기울여 살피라는 지시를 내렸다. 아울러 주미 일본 공사 아오키 슈조靑木周藏에게도 현재 파리에 체재 중인 헐버트가 머지않아 미국으로 갈 예정이니 그때 그의 동향을 파악해서 보고하라는 지시도 내렸다. 이어 하야시는 자신이 주불 및 주미공사에게 지시하였던 사실을 이토에게도 알렸다.

헐버트는 파리에서 오래 머물지 않은 채 복음주의연맹The Evangelical Alliance 회의에 참석하기 위해 6월 30일경 런던으로 건너갔다. 이 회의에 참석하기로 한 언더우드 선교사가 병으로 참가할 수 없었기 때문이다. 언더우드로부터 자신을 대신해 회의에서 참석하여 한국의 상황에 대해 설명해달라는 요청을 받았던 것이다.

헐버트는 한국의 상황을 알릴 수 있는 좋은 기회라고 생각하고 이를 받아들였다. 그는 1907년 7월 3일과 5일 두 번에 걸쳐 회의에서 연설하였다. 이 자리에서 일본이 이룬 업적을 평판하면서도 일본의 침탈이 한국에서 기독교에 아무런 도움을 주지 못하며 한국 상황을 더욱 어렵게 만드는 현실을 전하면서 일본 침략의 부당성을 분명하게 주장하였다.

일본을 이상적으로 여겨온 영국 기독교인들에게 그의 연설 내용은 분명히 듣기 거북한 일이었을 것이다.

이위종은 7월 8일에 한국인 특사를 대표하여 프랑스어로 "대한제국의 호소"라는 내용의 연설을 하였다. 연설 내용은 『만국평화회의보』 7월 9일자에 실렸다. 이위종은 을사늑약 이후 벌어지는 일본의 강압과 침탈에 맞선 고종과 민중들의 대응 등의 예를 일일이 열거하였다.

7월 10일 아침 헤이그에 도착한 헐버트는 이전과 다름없이 겉으로 자신이 한국인 특사를 배후에서 조종하고 있다는 소문과 인상을 부인하면서도 한국인들은 누군가의 도움 없이도 일본 정부를 공격하는 일을 수행할 수 있다고 역설하였다. 이날 밤 그는 스테드의 의뢰를 받아 평화 클럽에서 연설을 하였다. 이것은 이틀 전 스테드의 알선으로 각국 기자단의 국제협회에 귀빈으로 초청받은 이위종 특사의 연설을 실질적으로 뒷받침하는 내용이었다.

이위종에 이은 헐버트의 연설은 참석자들에게 한국인에 대한 깊은 동정심을 불러일으키는 계기가 되었다. 특히 그는 일본이 경천사 석탑을 불법으로 탈취해간 사건 등의 구체적인 예를 들어 한국에서 일본의 약탈과 횡포를 강력하게 성토하였다. 그의 연설은 이위종의 연설 효과를 극대화시키기에 충분할 정도로 감동적이었다.

그러나 헤이그 만국평화회의는 한국을 끝내 외면하고 말았다. 한국인 특사들의 만국평화회의 참석은 일본의 방해로 끝내 이루어지지 못했다. 넬리도프는 7월 10일에 러시아 외무부에 한국인 특사들의 활동이 완전히 실패로 끝났음을 알리는 특보를 보냈다. 헐버트의 사명이었던 상

헤이그 이준 열사 묘역

설 국제 중재재판소에 한국 문제를 제소한다는 것도 좌절된 것으로 보인다. 좌절을 견디지 못한 이준 특사는 울분을 토로하면서 1907년 7월 14일에 순국하였다.

일본 측 기록에 의하면, 헐버트는 헤이그에 도착하여 활동하는 동안 한국인 특사들과 만나서 이야기를 나누었다. 만국평화회의에 참석하는 것이 사실상 좌절된 상황에서 그는 한국인 특사 대표 역할을 하던 이상설과 향후 대책을 협의한 것으로 보인다. 그 이후 이상설과 미국에 가서 활동할 일에 대해 논의하고 헤어져 뉴욕에서 만나기로 약속하였다.

이 합의에 따라 헐버트는 헤이그를 출발하여 7월 19일에 뉴욕에 도착하였다. 이준의 죽음에 대한 어떠한 기록이 없는 것으로 보아 이준의 순국 직전에 헤이그를 떠난 것으로 보인다. 이상설은 7월 19일경 그의 요청으로 미국으로부터 헤이그까지 와서 지원 활동을 하던 윤병구와 송헌주, 이위종 등과 함께 헤이그를 떠나 영국을 거쳐 8월 1일 뉴욕에 도착하였다.

이처럼 헐버트는 동일한 임무를 띤 한국인 특사들과 긴밀한 공조체제를 유지하면서 때로는 독자적으로, 때로는 공동으로 활동하였다. 그는 한국인 특사들이 만국평화회의에 참석하지 못한 탓에 한국 문제의 국제 중재재판소 제소라는 자신의 사명을 제대로 달성하지 못했으나, 특사들에 대한 지원을 아끼지 않았다. 미국 국적을 지닌 그는 대한제국의 대표로 만국평화회의에 참가할 수 없다는 점을 잘 인식하고, 의식적으로 전면에 나서지 않으며 한국인 특사들이 임무를 완수할 수 있도록 최선의 노력을 기울였다.

따라서 한국인 특사들과 펼친 헤이그 특사 활동을 주도하지 않았다고 할지라도, 그는 자신이 조약 상대국 국가 원수를 만나는 특사라는 사실을 일본에게 숨기기 위해 일부러 전면에 나서지 않았다. 그래서 그는 자신이 특사라는 사실도 전면 부인하였던 것이다.

한국의 국권회복을 지원하다

헤이그 이후 미국 내 특사 활동

헤이그 특사 활동이 실패로 끝난 직후, 헐버트와 이상설 등은 헤이그에서 다시 회동하였다. 이 자리에서 다양한 활동 조건을 검토하면서 향후 어떤 활동을 할 것인가에 대해 논의하였다. 그 결과 미국으로 가서 활동하기로 합의하였다. 이는 단순히 헤이그 특사 활동에 그치지 않고 이후 조약국에 친서를 전달하라는 고종의 밀명에 따른 것이기도 하였다. 이미 특사로 임명되어 출발하면서 이들은 헤이그 이후 활동에 대해서도 고종의 지시를 받고 있었음을 보여준다.

이 부분에 대해 이위종은 1907년 7월 25일자로 게재된 『로이터』와의 인터뷰 기사에서 더욱 분명하게 밝혔다.

우리는 여전히 중요한 임무를 수행하고 있으며, 아직도 끝나지 않았습니다. 우리는 황제의 명을 받아 헤이그 만국평화회의뿐만 아니라 유럽과 미국 정부에 파견되었습니다. 우리가 일본으로부터 받는 부당한 대우에 저항하고, 무엇보다도 한국은 결코 독립을 포기하거나 일본이 보호국화에 동의하지 않을 것임을 알리기 위함입니다.

이는 특사들의 임무가 고종의 칙명에 근거로 하며 그 활동이 헤이그 만국평화회의에 국한되지 않고 계속될 것임을 의미한다.

이렇게 이들의 미국행은 헐버트가 서울을 떠날 때부터 이미 계획되었던 것으로 보인다. 임무도 분명하게 준비되었다. 만국평화회의를 비롯해 유럽 각국 정부와 미국 정부에게 한국이 일제로부터 부당한 탄압을 받고 있으며, 고종이 을사늑약에 결코 동의한 적이 없다는 점을 밝히고, 한국이 일본의 보호를 결코 원하지 않기 때문에, 한국은 독립을 끝까지 포기하지 않을 것이라는 사실을 설명하고 지원을 구하는 것이었다.

헤이그를 떠나 미국으로 먼저 출발한 사람은 헐버트였다. 그는 뉴욕에 도착한 지 몇 시간 만에 고종이 폐위되었다는 슬픈 소식을 들었다. 일제가 고종을 황제 자리에서 강제로 퇴위시켜 버린 것이었다. 헤이그 특사 파견에 충격이 컸던 일제는 나중에 궐석재판을 열어 이상설에게는 사형을, 이위종과 숨진 이준 열사에게는 무기징역을 선고하였다. 일제는 이미 숨진 이준에게 부관참시剖棺斬屍라는 패륜의 짓도 서슴지 않았다. 이준의 순국에 이어 고종도 황제의 자리에서 쫓겨났다는 소식은 헐버트를 더욱 슬프게 만들었다.

THE HAGUE. July 21—The Korean delegation left here to-day for London. Many rumors are in circulation. According to one of them. the Koreans have only been the Japanese instruments for creating such a situation as would justify the abdication of the Emperor and the practical annexation of Korea by Japan.

SURE KOREA WILL FIGHT.

H. B. Hulbert Says the People Are Being Made Desperate.

Homer B. Hulbert, for several years intimately associated with the Korean Court and a confidential adviser to the deposed Emperor of Korea. who has just come to America. said yesterday:

"Knowing. as I do. the Korean temperament and the policy which Japan has pursued in the peninsula. I am able to predict that Japan will obtain peace there only by the decimation of the people.

"It is hard to arouse the Koreans to the fighting point. They are almost infinitely patient. but drive them to desperation and they will turn on their tormentors as they did in 1592. and then nothing but extermination will give Japan peace there. But to exterminate 13,000,-000 people. or even to beat them into quiescence. will be no easy task. And who could blame the Koreans if they should turn upon those who are trampling them to the ground? An American officer once told me that no one would care to help the Koreans until they showed a disposition to help themselves."

『뉴욕타임스』에 실린 헐버트의 글(1907. 7. 22.)

그러나 헐버트는 슬픔을 뒤로 한 채, 더욱 마음을 굳건히 하며 일본 침략의 부당성과 한국 독립의 당위성을 미국 여론에 더욱 호소하는 활동을 펼쳤다. 그는 언론사 대표들과의 인터뷰에서 자신은 한국에서 미국 정부의 관심을 불러일으키고 일본 보호 아래 한국에 거주하는 미국인의 상황을 알릴 임무를 띠고 왔다고 밝혔다. 이어 일본이 을사늑약을 기만적으로 체결했을 뿐 아니라 한국에서 자유를 빼앗고 한국인의 도덕과 건강을 손상시키며 토지 등을 강탈함과 동시에 친일파들로 관직을 채우고 있다고 규탄하였다.

뉴욕에 도착한 직후 고종의 퇴위 소식이 전해졌기 때문에, 미국 언론은 헐버트의 인터뷰 내용에 따라 서구 열강이 일본을 견제하지 않을 경우 한국의 멸망을 불러올 것이라고 관심을 보였다. 이는 미국 언론계에 반일 감정이 일어나는 계기가 되었다.

먼저 『뉴욕타임스』는 7월 20일과 22일자에 게재된 「한국을 위해 호소하다」, 「한국은 틀림없이 끝까지 싸울 것이다」라는 기사에서 헐버트의 발언 내용을 상세하게 보도하였다. 을사늑약의 강제성과 부당성을 강조하고, 헤이그 사건으로 고종을 강제 퇴위시킨 일본의 조치가 한국을 강제로 병합하기 위해 길을 닦아 놓은 것이라는 헐버트의 인터뷰 내용을 실었다. 일본의 목적이 한국의 주권 소멸이라는 주장을 그대로 보도하였다. 또 『뉴욕헤럴드New York Herald』 7월 22일자에서도 「한일조약은 결코 조인되지 않았다고 한다」라는 기사에서 한국의 옥새는 강탈당했고, 고종은 결코 서명하지 않았다는 헐버트의 주장을 보도하였다.

헐버트를 통해 한국의 상황이 알려지게 되자, 『뉴욕타임스』는 다시 청일전쟁과 러일전쟁에서 일본이 한국에 대해 쏟아냈던 선언들을 평가절하하며 부정적으로 평가하였다. 일본의 목적이 아시아의 팽창이며, 이에 한국이 하나의 지명地名에 불과한 것으로 격하되었다고 비판하였다.

바로 이 무렵에 이상설과 이위종도 헤이그에서 미국으로 향했다. 한국인 특사들이 미국 뉴욕으로 출발했다는 보도가 있자, 미 국무부가 미국 대통령을 만나려고 하는 한국인 특사의 요구를 어떻게 처리할 것인지에 대한 미국 여론의 관심이 쏠렸다.

이상설과 이위종은 헤이그를 떠나 영국을 방문하여 런던에서 3일간 머물다가 뉴욕에 도착하였다. 이 자리에서 기자회견을 열면서 미국에서의 활동을 시작하였다. 이들은 자신들이 헤이그 특사라는 임무로 인해 일본의 암살 표적이 되었음에도 불구하고 용감하게 정의를 위해 싸우고 있다고 소개하였다. 그리고 헤이그의 한국인 특사 임무가 성공적이었다고 자평하였다. 헤이그 사건이 세계에 대서특필되었을 뿐 아니라 미국, 영국, 독일, 프랑스로부터 세계적인 공감을 얻는 것을 확신한다고 하였다.

이상설과 이위종은 미국의 도움을 구하기 위해 미국 대통령에게 면담을 요청하였다. 한미조약에 따라 한국에 대해 보호보장과 권리보존을 맹세했다고 강조하며 미 대통령과의 회견 성사를 압박하였다. 그러나 미 국무부로부터 돌아온 대답은 거절이었다. "공식적인 만남이 아닌 개인적인 만남 이외에 만날 수 없다"는 것이 그 이유였다. 미 국무부는 일본의 한국 외교권 지배를 공식적으로 인정하였기 때문에 당연히 승인받지 않은 헤이그 한국인 특사의 존재를 인정할 수 없었던 것이다.

미국 대통령과의 공식 접견이 어려워지자, 이상설과 이위종은 대통령과의 비공식 접견을 받아들였다. 이들은 방문 목적을 수정하여 개인적으로 루스벨트 대통령과의 만남을 추진하였다. 한국의 외교권이 일본의 통제 아래 있기 때문에 자신이 공식적으로 한국을 대표할 수 없다는 것을 받아들인 것이다. 이들은 자신들이 고종이 보낸 사절이라는 것을 부정하는 데까지 나갔지만, 이는 한국의 상황을 정확하게 알려 미국인들에게 정의감을 불러일으키려고 한 것이 주요 의도였다.

미국 대통령과의 접견은 끝내 이루어지지 못했다. 그리고 이위종은 일본이 자신에게 무기징역을 선고했다는 소식을 듣고 낙담하기도 하였다. 그는 한국에 다시 돌아가지 않을 것이며, 해외에 계속 머무를 것이라고 밝히기도 하였다. 이상설과 이위종은 좌절감에 빠질 사이도 없이 유럽 각국의 순방 활동으로 발길을 돌려야 했다.

이상설과 이위종은 헤이그로 다시 가서 가매장했던 이준의 장례식을 정식으로 치렀다. 이준의 장례식을 마친 뒤에 파리와 베를린을 방문하였고, 이탈리아 로마 등을 거쳐 페테르부르크로 갔다가 런던으로 갔다. 이들은 각국의 원수나 정계지도자, 언론인들을 만나는 자리에서 일본의 한국 침략과 을사늑약의 불법성, 한국의 독립수호를 위한 국제협력 등을 호소하였다.

이처럼 헐버트와 이상설 등의 미국행은 국권회복을 위해 열강을 상대로 직접 펼친 외교였다. 비록 소기의 성과를 거두지 못했지만, 헤이그 만국평화회의에서 벌인 활동의 연장이었다. 즉 이상설과 이위종의 순방외교는 을사늑약 이후 한국 관리가 국가를 대표하여 공식적으로 추진한 최초이자 최후의 외교라는 점에서 그 의미가 있다.

미국 언론을 통한 일본 침략 비판

헐버트는 이상설과 이위종이 떠난 뒤에도 미국에 머무르며 언론을 통한 항일운동을 적극 펼쳐 나갔다.

헐버트는 고종의 친서를 갖고 미국 대통령을 만나고자 했지만 미국 정부의 외면을 받은 아픈 경험이 있었다. 이에 이번에는 미국 정부와 직접 접촉을 시도하지 않고 미국 국민들에게 호소하는 여론 활동을 펼쳐 나갔다. 그는 『뉴욕타임스』 7월 20일자로 게재된 「한국을 위해 호소하다」에서 다음과 같이 주장하였다.

미국인은 한국의 상황에 대해 정확히 알 필요가 있다. 나는 한국의 상황에 저항하는 하나의 목소리에 불과하다. 지난해 많은 미국인과 영국인들이 한국에 왔었다. 내가 보기에 그들은 일본의 탐욕과 이기심을 비난하는 것에 만장일치로 동의하였다.

한국은 여전히 미국, 영국, 프랑스, 독일, 러시아 그리고 그밖에 다른 열강들과 조약을 맺고 있다. 이것이 변화지(변하지 – 필자 주) 않는 한 한국인들에게는 희망이 있다. 그러나 일본이 조약 폐기를 요구한다면, 이것이 얼마나 지속되겠는가? …… 한미조약은 일본이 보호할 것을 보장했으나, 한국의 상업에 있어서 배타적 지배권을 얻고자 하는 일본의 야심이 있는 한 유효하지 않을 것이다. 일본은 한국과 관세동맹을 맺어 모든 산업 경쟁국을 쫓아 낼 것이다. 지금 일본의 목표는 미국과 영국의 무역을 차단하는 것이다. 한국에 있는 사람은 누구나 이 사실을 알고 있다.

헐버트는 한국을 여행한 사람들의 공통된 경험담을 자신이 전하고 있음을 강조하였다. 한국이 미국 및 열강들과 맺은 조약이 부정되지 않았다는 점과 아시아에서 미국이 지지하는 문호개방 정책을 일본이 위협하고 있다고 하였다.

즉 그는 일본의 미국 상업적 이익의 침해라는 관점에서 미국에서 한국 문제에 대해 도움을 호소하는 논리적 근거를 내세웠다. 아시아에서 일본이 상업적 우위를 점하고자 하는 야심으로 한국을 강제로 병합하는 것은 결과적으로 무역개방원칙을 폐기시키고 미국의 경제 시장에 커다란 손실 위험을 안기는 원인이 될 것이라는 관점이었다. 이렇게 헐버트는 일본의 한국 침략 문제를 미국의 상업적 이익의 침해라는 차원에서 집요하게 문제를 제기하였다.

그는 1907년 11월 9일자로 LA상업회의소LA Chamber of Commerce에 전문을 보냈다. LA상업회의소는 상원의 지질조사위원회에 보고하였고, 상원에서는 국무성에 보냈다.

그는 전문내용에서, 한국에서 무역개방 보존의 중요성을 지적하면서 일본이 한국에 을사늑약을 체결할 것을 강요하며, 다른 국가들과 맺은 조약을 보존하는 것에 동의했으나, 곧 이것을 폐기하는 조치를 취하게 될 것이라고 주장하였다. 이어 한국 강제 병합 이후 미국이 입을 피해에 대해서 언급하였다. 먼저 일본이 조약으로 규정된 관세 7%를 40~50%로 인상하고 일본과 한국 사이의 관세장벽을 무너뜨려 한국과 미국 간의 무역에 큰 피해를 입히게 될 것이고, 장래에 곧 파괴될 것이라고 하였다.

또 일본은 한국에서 면화와 밀가루를 재배할 20만 평방 마일을 획득하고 이를 통해 중국시장에서 미국과 경쟁하여 결국 미국을 시장에서 축출할 것이라고 지적하였다. 이어 일본의 조약 파기 움직임에 대해 LA상업회의소가 외무담당 상원위원회에 건의하여 영향력을 행사하도록 조치를 취해 줄 것을 제안하였다. 끝으로 이 문제는 단순히 한국과 미국 사이에 한정되는 것이 아니고 미국의 대 중국 무역과 관련된 것으로, 일본의 불법적 행동에 제지해야 할 때가 왔다고 다시 한 번 역설하였다.

이어 그는 샌프란시스코 상업회의소에서 1907년 11월 14일에 특별회를 열고, 캘리포니아 의원에게 청탁하여 워싱턴 회의에 한미통상조약을 보존하는 문제를 제출하게 하여, 한국·미국·일본 등의 관계가 어떠한가를 질문하도록 결정하였다. 미국의 정치가 등을 통해 일본이 저지

상업적 관점에서 일본을 비판한 헐버트의 활동을 보도한 기사(「공립신보」 1907. 11. 22.)

른 불법 행동을 의회에서 공론화하고자 하였다.

헐버트의 주장에 대한 미국과 일본 정부의 반격도 만만치 않았다. LA 상업회의소에 제출된 헐버트의 서신에 대해 국무성에서는 미국이 크게 신경 쓸 일이 아니라는 입장을 드러냈다. 극동에서 미국의 한국 수출이 거의 일본 중개로 이루어지고 있어 일본과 한국 사이의 관세에 부속되어 있다고 밝히면서 한미통상조약의 폐기 문제에 대해 고려하지 않을 것이라는 태도를 표명한 것이다.

일본도 이에 대해 적극 주장하였다. 미국인들의 모든 조약 권리들은 가장 신중히 존중되고 있으며, 면화와 밀 등 미일 간의 경쟁이 일어날 것이라는 주장에 대해 한국이 개간할 수 있는 땅이 오직 1,700평 정도를 소유하고 있을 뿐이고, 한국은 대부분이 쌀을 재배하고 있다고 하였다.

여기에 헐버트의 일본 상업적 침해에 대해 일본 측 관점에서 이를 변론하는 미국인들도 있었다. 레드George T, Ladd 교수는 『뉴욕타임스』 1908년 4월 8일자에 글을 게재하여 헐버트의 주장을 비판하였다. 한국에서 사업에 관여하는 외국인들이 일본의 보호령에 만족하고 있다고 주장하였다. 그리고 일본인의 손에 들어온 땅은 군사적 목적으로 모두 공정한 거래가 이루어지고 있다고 하면서 일본 통감부 정책을 옹호하였다. 헐버트는 레드 교수의 주장에 대해 "일본이 조약 관세를 위반하여 무관세로 한국에 상품을 들여오고 있다는 것을 선언할 만한 미국인들의 증언을 얼마든지 제시할 수 있다고"고 강력하게 반박하였다.

이처럼 헐버트는 헤이그 사건 이후 미국 내에서 미국의 여론을 대상으로 미국 정부의 입장을 비판하며 일본의 한국 침략 부당성을 제기하였다. 이 과정에서 그는 한국 자체에 대한 부정적인 인식을 갖고 일본에 입장을 대변하는 친일 미국인들의 주장을 비판하는 것도 중요한 활동임을 깨닫게 되었다. 이후 이들의 주장을 반박하는 활동도 치열하게 전개하였다.

당시 미국 정부를 비롯해 상당수 미국인들이 일본의 한국 지배를 공공연하게 지지하는 입장을 보이는 경우도 많았다. 루스벨트 대통령을 비롯해 캐넌George Kennan과 레드 교수 등이 대표적인 인물이었다. 이들은 대한제국 및 정부에 대해 공통적으로 대단히 부정적인 인식을 갖고 있었다. 한국 정부가 자국민을 다스릴 수 없을 정도로 허약하며, 미국이 한국에 대해 그 어떤 책임도 질 수 없고, 차라리 한국인을 위해 법과 질

*The Passing of Korea*에 실린 일본군의 학살 장면

서 유지를 위해 일본이 한국을 점령하여 효율적으로 통치하는 것이 낫다고 생각했기 때문이다. 이들은 일본의 제국주의 팽창을 지지하는 태도를 갖고 있었다. 이는 가장 낡은 한국에 대비된 새로운 일본으로 예찬되었다. 한국의 문명은 정체 상태가 아니라 이미 부패해버렸다고 하면서 그 어떤 발전 가능성도 찾아볼 수 없다고 혹평하였다.

헐버트는 미국 내 부정적 여론을 의식하며 적극 대응하기 시작하였다. 그는 을사늑약이 기만적으로 체결되었고, 일본이 한국에서 자유를 빼앗을 뿐 아니라 한국인의 도덕과 건강을 손상시키고 토지 등을 강탈하였다고 비판하였다. 또 친일파로 관직을 채우며 한국과 한국인의 자유와 독립의 권리를 억압하는 일본의 한국 지배를 규탄하였다.

이렇게 그는 미국 내 친일 인사들의 주장을 정면으로 반박하면서 일본 침략의 부당성과 불법성을 다시 제기하였다. 이 과정에서 한국인들이 일본의 침략에 대해 순응하거나 포기하지 않고 끝까지 저항할 것이라고 역설하였다.

그는 『뉴욕타임스』 7월 22일자에 게재된 회견 기사에서 "한국은 틀림없이 끝까지 싸울 것이며 일본은 한국인들을 말살시켜야만 한반도에서 평화를 얻을 것이다"라고 하면서, 한민족이 결코 나라를 포기하지 않을 것이라고 하였다. 이어 그는 "한국인들은 침묵을 지키다가도 계기만 마련되면 분연히 일어서서 임진왜란 때처럼 그들에게 고통을 준 자들에게 게릴라전도 불사할 것이다"라고 하였다. 그는 한국인들이 불법적이고 불의한 상대에게 목숨을 걸고 싸웠던 역사를 예로 들면서 일본의 부당성과 침략성에 결코 무릎 꿇지 않고 끝까지 투쟁해 나갈 것임을 역설하였다. 또한 일본의 비도덕적인 면을 들어 미국 기독교인들의 인도주의 정신에 호소하였다.

그는 『세계선교평론Missionary Review』 1908년 3월호에 「한국에서의 일본인과 선교사」라는 글을 투고하여 일본을 비난하였다. 그는 일본이 러일전쟁에서 승리함으로써 극동에서의 선교 사업에 큰 타격을 입을 것이라고 하였다. 특히 일본은 한국에서 모르핀과 같은 마약을 팔고 있으며, 큰 나무를 마구 자르고, 일본의 불량배들이 계속 한국으로 몰려오고 있어 두통거리라고 주장하였다.

그는 모르핀 판매, 불공정한 공무원, 매춘부의 유입 등으로 일본이 한국을 도덕적으로 타락시키고 있다고 비판하였다. 또 기독교가 추구하는 정의·친절·공공성·애국주의·교육 등에 대해 일본이 한국에서 결코 발전시킨 적이 없다고 지적하였다. 그러므로 기독교의 문명화된 영향은 일본의 물욕 및 압박과의 충돌이 불가피하다고 전제하고, 기독교가 한국에서 일본의 통감정권을 결코 승인할 수 없다고 주장하였다. 헐버트는 일본 침략으로 무참하게 짓밟히는 인간성과 정의에 대한 지지를 호소하였던 것이다.

그러나 그는 한국인들이 독립회복을 위해 무력항쟁을 벌이는 것에 대해서는 반대하는 입장을 보였다. 그는 모든 압제의 세력이 인내하는 힘을 통해 정복된다는 신념 아래 한국인들이 일본의 압제에 대해 도덕적으로 항거하고 인내해야 한다고 보았다. 일제의 지배가 기정사실화되는 상황에서 한국이 '순수한 기독교국이 되는 것'이 최상의 방책이라고 보았던 것이다.

이런 점에서 한국인들의 비밀결사운동이 일본 민간인에 대한 공격으로 이어지는 것을 비판하였다. 한 기독교 지도자가 "우리는 일본을 공격하고 학살해서는 안 된다. 우리의 국민적 저항은 순순히 도덕적 근원에서 그것의 힘을 획득해야 한다. 일본의 잔인함을 모방하게 되면 우리는 세계의 선의를 상실할 것이다. 우리는 순수한 정의의 힘에서 서서 독립을 선언하자"라고 언급한 내용을 소개하며, 이를 훌륭한 용기라고 평가하였다.

그는 보복에 대한 열망을 돌려 단지 복수의 일시적 몰두에 빠지기보다는 자유와 대의를 위해 고통받는 것이 낫다고 하면서 무력적인 저항보다는 비폭력적 저항의 방식으로 인내를 강조하였다. 이러한 대안으로 제시한 것이 교육이었다. 한국인의 현 상태를 치유하고 그들이 하나의 온전한 민족을 형성하게 하는 데 교육이 가장 절실하다고 보았다.

을사늑약으로 한국인을 위한 교육활동이 사실상 어렵게 되자, 그는 한국 독립운동의 첫 번째 방략으로 교육에 가까운 형태인 강연과 연설 활동에 주목한 것으로 보인다. 주된 연설 내용은 한국인을 상대로 독립 의지를 불어넣는 것이었다는 점에서 이를 확인할 수 있다. 헐버트는 육영공원을 시작으로 한국인의 교육에 참가한 이래 한국인의 민족성을 누구보다도 잘 알고 있었기 때문에 한국인을 상대로 한 연설은 일본의 폭압적인 식민통치에서 벗어날 수 있는 힘이 된다고 믿었다.

헐버트는 조미수호통상조약 제1조 거중조항에 따라 미국이 한국을 원조할 의무가 있다는 점을 다시 반복하면서 일본이 한국에서 자행하는 불법적인 행동을 비판하였다. 그는 미국교회와 교인들이 한국을 인도적 차원에서 구하는 행동에 나서야 한다고 주장하였다. 한국인들도 독립 회복을 위해 무력을 동반한 폭력적 저항보다 비폭력적 저항 방식이 보다 근본적인 저항임을 강조하였다.

강연회를 통한 한인공동체 격려

이렇게 헐버트는 강연을 통해 일본의 부당성을 알리며 한인공동체를 대상으로 하는 강연활동도 시작하였다. 그는 한국이 틀림없이 나라를 되찾을 것이므로 절대로 독립을 포기하지 말라고 희망을 주며 격려하였다.

그는 1907년 가을에 미국의 서부 지역을 돌면서 한국인이 처한 어려운 상황을 호소하였다. 그는 강연에서 일본이 주권을 빼앗는 것을 넘어서 한국인들의 재산을 불법으로 빼앗고 있으며, 한국인들이 일본인들의 횡포에 말할 수 없는 고통을 당하고 있다고 설명하였다. 가는 곳마다 미국이 이와 같은 불법적이고 비인간적인 상황을 바로잡아야 할 의무가 있다고 주장하였다.

그는 강연을 위해 샌프란시스코(상항)을 방문하였다. 처음은 아니었다. 2년 전에 고종이 미국 대통령에게 거중조정을 원하는 친서를 전달하기 위해 워싱턴을 향하던 중 샌프란시스코에 도착하였고, 그 다음 날 공립협회를 방문한 적이 있었다. 공립협회를 미주 민족운동단체의 대표로 인식하고 을사늑약 체결을 압박하는 일본의 동태와 상황을 전달하기 위해서였다. 공립회관에서 개최된 연설회에서 일본인이 한국에 와서 일삼는 약탈을 알리며 재미 한인들의 조국 사랑을 촉구하는 연설을 한 바 있었다. 그의 방문과 연설은 미국 전역에 공립협회 존재를 널리 알리는 동시에 공립협회가 국권회복을 위한 단체로 나아가는 데 큰 자극이 되었다.

헐버트는 1907년 11월에 상항한인감리교회를 방문하여 환영을 받았다. 당시 상항교회는 기독교 예배뿐만 미국 감리교회 인사들이 방문하여 설교와 강연을 함으로써 기독교적 울타리 안에서 미국인들과 한인들이 교류하는 국제적 장소의 역할을 담당하고 있었다. 미국에서 뿌리를 내려야 하는 한인들과 보편적 사랑을 나누려는 미국 기독교인들에 좋은 소통의 공간이 된 것이다.

헐버트는 상항교회 환영회 자리에서도 1905년에 고종 황제가 자신을

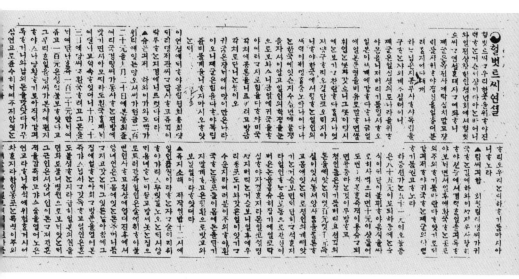

상향한인교회에서 진행된 헐버트의 강연 내용을 보도한 기사(『공립신보』 1911. 11. 15.)

통해 미국 대통령에게 친서를 전달한 것을 언급하면서, "현금 한인이 힘써야 할 것은 단합이니, 단합하기가 제일 요긴한 첩경은 예수교라. …… 대개 교회의 성질은 남 사랑하기를 내몸 사랑하는 것 같이 하니, 큰 단체를 조직할 만한 기관이라"고 하였다.

이런 차원에서 일본의 화려한 근대 문명은 꽃을 꺾어 죽은 상태로 병에 옮긴 것에 불과한 것이고, 한국은 동산의 살아있는 꽃나무를 뿌리까지 옮겨 심은 것과 같다고 보았다. 그래서 한인들이 실망하지 말고 "하나님을 내 몸같이 사랑하는 것처럼 나라 사랑하기를 내 집보다 중히 여겨 한국으로 하여금 천국이 되게 하라"고 역설하였다.

헐버트는 그날 저녁에 청년들을 대상으로 한 토론에서 다음과 같은 주제의 강연으로 한국 청년들의 정신을 일깨웠다. 다음은 당시의 상황을 생생하게 전달하기 위해 신문에 게재된 내용을 인용하였다.

헐버트 씨가 한국을 위하여 진력하는 것은 세상이 다 아는 바거니와 일전 상항한인청년회에서 헐버트 씨가 연설한 대지가 여좌하다.

제군은 목전 일에 낙심치 말고 장래를 자위하여 정신을 일층 더 분력 할지어다. 대개 하나님은 지공무시하사 독립을 구하는 자에게 주실 터이니, 제군은 일심성의로 나라를 위하여 몸을 잊어버리기를 맹세하오.

일본이 세계에 강하다 하나, 금일에 일본 문명을 비유로 말하면 뿌리 없는 꽃과 같으니, 그 꽃과 같으니, 그 꽃이 당시에는 보기에 찬란하다 할지나 어찌 장구하리오. 결단코 오래지 아니 하여 한국에서 행하는 일인의 세력이 패망할 줄 아나이다.

나는 한국에서 있은 지 수십 년에 물정을 자세히 알고 일인의 학정을 눈으로 보았으니 금일에 귀국을 하여 여러 가지로 힘을 다하여 미국 각처에 공론을 일으키려고 방금 각처로 다니는 중이오, 귀국은 장래에 여망이 많은 나라이오니, 제군은 힘을 다하여 독립 준비를 게을리 하지 마시오, 하였는데 이 연설에 대하여 공립협회 총회장 대리 정재관 씨가 낙루하는 지경에 이르렀다.

한국 독립과 한인, 청년들을 위한 진정어린 그의 충고와 격려는 수많은 한인들에게 큰 감동과 기쁨을 주었다. 이런 노력을 통해 수많은 한국인들을 자극하였고, 이런 모습들이 미국인들의 한국에 대한 관심과 인식을 전환시켜 한국 독립에 관심을 갖고 한국인의 독립운동을 지원하는 계기가 되었음은 자연스러운 현상이었다.

이와 같이 그는 가는 곳마다 연설회를 통해 한국인 및 한인공동체를 향해 독립회복에 대한 의식을 고조시키며 격려하였다. 12월 초 어느 날 샌프란시스코의 한인청년회에서 연설을 통해 독립을 회복하겠다는 마음을 잃지 말도록 부탁하면서 일본이 한국에서 위세威勢로 폭행하는 것은 스스로 패망을 부르는 것이라고 단언하였다. 그리고 다시 들른 공립협회에서는 강연을 통해 한국인이 일치단결하여 일본 침략세력을 물리쳐야 한다고 하면서, 언젠가는 일본이 멸망하게 될 것이니 낙심하지 말고 독립사상을 갖고 단체를 합할 것을 제안하면서 자신도 한국을 위해 진심을 다해 노력하겠다고 다짐하였다.

이렇게 헐버트가 일치단결을 부르짖은 것은 당시 미주 한인사회의 현실을 반영한 것이었다. 한인사회는 1903년부터 친목을 목적으로 형성되기 시작하였고, 1905년에는 을사늑약 등의 소식을 접하면서 항일을 결의하며 각종 항일민족운동 단체를 설립하였다. 이후 1907년에 헤이그 만국평화회의 특사 활동이 알려지면서 한인 단체의 성격이 항일운동 기관으로 발전·변모되었다.

그러나 미주 지역의 한인단체는 헐버트가 헤이그 특사 활동 이후 미국으로 돌아오기 이전부터 난립한 상태였다. 분열적 현상은 불씨처럼 타오르는 독립운동의 열기가 제대로 붙기도 전에 꺼져버릴 수 있는 위기로 다가왔다. 헐버트는 이를 간파하고 연설에서 당시 한국이 처한 정황을 사실적으로 설명하는 데 그치지 않고 미국에 있는 한인들에게 단합을 역설한 것이었다.

그는 "한국 사람은 오늘날 이와 같이 위급한 시대를 당하여 힘쓸 바는 속히 단합하여 단체를 성립해 외적을 방어할 것이니, 모래라도 여러 개를 합하여 뭉쳐 던지면 맞는 힘이 클 것이므로 여러분은 각심으로 이산치 말고 속히 큰 단체가 되기를" 바란다고 하였다. 그리고 "조금도 낙심하지 말고 독립사상을 가지고 단체를 합할 것"을 호소하였다.

이 시기 한인사회의 가장 중요한 독립운동 방략은 흩어져 있는 한국인 조직의 통합이었다. 그는 통합을 통해 독립운동의 역량을 한곳으로 집중해야 한다고 판단하였다. 헐버트는 이것이 이루어지면 자신도 "한국을 위하여 몸을 저버리고 진력하겠다"라는 약속을 선언하였다. 그의 노력은 당시 한국인의 통합 노력과도 궤를 같이 하는 것이었다. 이 시기 하와이에서는 1907년 9월에 한인단체 24개가 통합되어 한인협성회韓人合成協會가 성립되었다.

헐버트의 활동 지역인 북미에서는 1907년 11월부터 공립협회를 중심으로 통합논의가 본격화되어 마침내 1909년 2월 1일에 만주와 블라디보스토크의 단체를 아우르며 4,000여 명의 회원을 거느린 대한인국민회大韓人國民會가 창립되었다. 이처럼 헐버트의 활동은 언론에 국한되지 않고 한인단체의 통합운동에도 일정하게 영향을 끼치고 있었으며, 향후 통합된 한인독립운동 단체와 함께 활동해 나갔다.

또한 헐버트가 미국 서부 지역에서 강연활동을 할 때 언더우드와 에비슨이 한국에서 찾아와 장로교 선교를 위해 30만 달러 모금운동을 도와달라고 하였다. 그는 이들과 같이 샌프란시스코와 시카고 등의 서부 지역 도시를 순회하며 모금활동을 펼쳐 목표액을 달성하였다. 그의 연설에 감동을 받은 캘리포니아 남방에 있는 한인 각 교회에서는 재정 170원을 모집하여 전달하기도 하였다.

후일 감리교를 위해서는 뉴욕, 보스턴 등의 동부 지역 교회와 단체를 돌면서 모금활동을 전개하였다. 뉴욕지리학회, 뉴욕 퀼클럽, 보스턴의 센추리클럽 등에서 연설하여 성공적인 모금 활동 결과를 거두기도 하였다.

국내로 다시 입국하여 활동하다

미국에서 한국 독립을 호소하던 헐버트는 한국을 떠난 지 2년 만에 한국을 다시 찾았다. 서울과 오랫동안 떨어져 있다 보니 서울 생활이 그리웠던 것도 있지만, 자신의 집안일 및 부동산 문제를 정리하기 위해서였다.

헐버트는 1909년 8월에 보스턴에서 대서양을 건너 유럽으로 갔고, 그 곳에서 시베리아 횡단 열차를 타고 서울로 향하였다. 하얼빈에서 만주 횡단 열차로 갈아타고 한국으로 들어가는 관문의 위치에 있는 단둥丹東으로 갔다. 압록강 가까이 다다르자 그는 신변에 대한 불안감이 커졌고, 권총을 품고 여관방에서 잠을 청할 정도였다. 단둥에서 기차를 갈아탄 그는 압록강을 건너 한국 땅을 다시 밟았다.

기차 안에서 그는 우연히 미국인 선교사를 만났다. 그를 통해 평양에서 장로교 선교회가 열리고 있음을 알게 되어 평양에서 잠시 내렸다. 그 곳에서 많은 선교사들을 만날 수 있었다. 그들은 헐버트의 안부를 걱정하며 한국 땅에서 다시 그를 볼 수 없을 것으로 생각했다고 하였다.

다음 날 평양을 떠난 헐버트는 서울에 도착하였다. 신변의 불안감을 느끼며 그는 서울역에 도착하자마자 미국 영사관으로 달려갔다. 신변 보호 및 부동산 재판 문제의 도움을 요청하기 위해서였다. 그런데 알고 보니, 미국은 헐버트가 미국을 떠나자 비밀 경호원 2명을 파견하여 그의 신변을 보호하고 있었다. 미국도 헐버트의 한국 입국이 얼마나 위험한 일인가를 잘 알고 있었던 것이다.

서울에 도착한 그는 육영공원에서 함께 일했던 벙커 선교사의 집에서 거주하며 일을 보았다. 일제는 헐버트의 신변에 위협을 가하지는 못했으나 첩자들을 붙여 일거수일투족을 감시하게 하였다. 그러던 어느날 그는 첩자들을 따돌리고 을사늑약 당시 참정대신이었던 한규설을 만나 일제가 총칼로 위협하며 서명을 강요했던 상황을 상세하게 들을 수 있었다. 헐버트는 서울에 체류하는 동안 기독교청년회YMCA, 상동청년회 등에서 강연을 하였으나, 대부분의 시간은 부동산과 관련된 재판에 들어갔다. 일본은 부동산과 관련된 재판을 연기하면서 시간을 끌었다.

안중근이 하얼빈에서 1909년 10월 26일에 이토 히로부미를 암살하는 사건이 발생하였다. 그러자 일본 언론은 헐버트를 배후로 의심하는 기사를 실었다. 헐버트가 반일운동의 선봉장이었고, 특히 안중근 의거 직전에 만주를 거쳐 서울에 나타났기 때문이다. 심지어는 헐버트의 내한 목적이 이토 히로부미 암살과 다른 폭력행동을 지도하기 위한 것이었다는 루머가 돌고 있다고 보도하였다. 이어『뉴욕타임스』11월 2일자에는 이토 히로부미의 고문이었던 레드 교수의 말을 인용하여「전 황제의 고문관이었던 헐버트가 암살될 지도 모른다」라는 기사까지 게재되기도 하였다. 일본 언론이 안중근 의거와 헐버트를 관련시켜 추측 보도까지 한 것을 보면 일제가 헐버트를 대단히 위협적인 존재로 인식하고 있었음을 보여준다.

물론 헐버트와 안중근은 만난 적이 없으나, 안중근 또한 헐버트에 관한 언급을 남겨 놓았다. 안중근이 뤼순 감옥에 투옥되어 조사를 받는데, 이때 "이토 히로부미가 혹독한 정략을 쓰고도 각국의 이목을 가리고 있을 때 헐버트는 한국을 위해 분개하고 각국을 향해 한국의 진정을 발표해 준 사람이다. 한국을 위해 진력한 공을 몰각하지 못할 것이다. 한국인으로서는 하루도 잊을 수 없는 인물이다"라고 평가하였다. 이렇게 안중근은 헐버트를 "한국을 위해 진력한 은인"으로 칭송하면서, "하루도 잊을 수 없는 고마운 인물"임을 강조하였다.

한편, 헐버트는 안중근 의거와 관련되었다는 혐의를 받게 되었다. 한국에 있으면서 가산의 정리 등 여러 가지 문제를 해결하고자 하였으나 뜻밖에도 안중근 의거의 배후로 지목되는 등 신변의 위험이 가중되는 상황이 연출되었다. 그는 한국에서 일을 완전히 해결하지 못하고 남은 문제를 벙커에게 부탁하고 귀국길에 올랐다. 딸이 위급한 병에 걸렸다는 소식도 황급히 떠나게 된 이유였다. 결국 헐버트는 재판도 제대로 끝나지 못한 채 한국을 떠나게 되었다.

그런데 한국에 일시적으로 귀국한 헐버트에게는 또 다른 임무가 기다리고 있었다. 중국 상하이 덕화은행德華銀行(Deutsch)에 예치된 고종의 내탕금을 찾는 일이었다. 고종은 독일 공사관의 주선으로 내탕금을

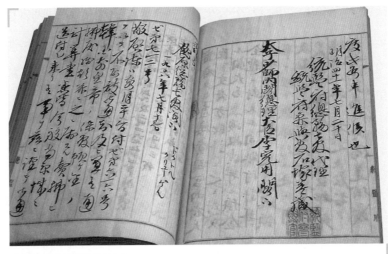

내탕금 인출에 관한 통감부 문서

2회에 걸쳐 덕화은행에 예치한 적이 있었다. 독일공사가 본국 정부에
보고한 문서에 의하면, 1903년 12월과 1904년 초에 예치한 금액이 총
510,000마르크였다고 한다.

헐버트가 서울에 왔다는 소식을 들은 고종은 그에게 비밀 연락을 보
냈다. 그 내용은 상하이에 있는 덕화은행에 예치한 자신의 내탕금을 찾
아 우선 미국은행에 예치해 두었다가 훗날 나라의 독립을 위해 요긴하
게 써달라는 것이었다. 헐버트로서는 전혀 예상하지 못했던 뜻밖의 메
시지였다. 일본 첩자들이 자신의 일거수일투족을 감시하는 상황에서
이 일을 어떻게 처리해야 하는지 당황스러울 수밖에 없었다. 그러나 어
려운 상황임에도 불구하고 고종의 부탁을 받아들였다.

그는 고종 대신 예금을 찾을 수 있는 위임장과 함께 관련 서류를 전달

받았다. 관련 서류에는 예치금 증서, 수표, 예치금을 고종에게만 내준다는 덕화은행장이 서명한 확인서와 고종에게만 돈을 내준다는 주중 독일 공사의 확인서 등이 들어 있었다.

이 무렵 헐버트는 미국의 아내로부터 딸이 급성 뇌종양으로 병원에 입원해야 한다는 연락을 받았다. 상식적으로 보았을 때, 딸의 위독한 소식을 듣고 미국으로 먼저 달려가는 것이 순리이다. 그러나 그는 그렇게 하지 않았다. 고종의 예치금 문제 해결이 급선무라고 생각하였다. 그는 미국으로 바로 가지 않고 일단 상하이부터 가기로 결정하였다. 그해 11월에 서울을 떠나 다롄大連을 거쳐 상하이로 향하였다.

상하이에서 상하이 주재 독일 영사를 만나 자기가 이곳을 찾은 이유를 설명하였다. 그 자리에서 그는 내탕금이 이미 일본에 지급되었다는 이야기를 듣게 되었다. 고종에게만 지급하기로 되었던 돈을 어떻게 일본에게 내주었는지 물었으나, 독일 영사는 단지 고종의 예치금이 일본에게 인출되었다는 사실만을 밝힌다고 하면서 그 이상은 모른다고 하였다.

참으로 기가 막힌 일이었다. 고종 외에는 누구에게도 돈을 내주지 말라고 사전에 요청하고 확인서까지 주고받았음에도 불구하고 고종의 그 어떤 확인도 없이 일본에 돈을 고스란히 내주고 말았다. 국제무대에서 외교권을 상실당하고 국가의 권리가 제대로 행사될 수 없는 상황에서 국제적 신용확인서는 한낱 종잇조각에 불과했던 것이다.

당시 헐버트는 그 자초지종도 알 수 없는 상황이었다. 최근 이에 대해 추적한 『파란눈의 한국혼, 헐버트』, 「5부 내탕금의 진실」에서는 이 부분이 상세하게 밝혀져 있다. 이 책에서는 1905년 을사늑약을 거쳐 1907년에 이르러 고종의 예치금을 파악한 일제가 고종 몰래 조작된 서류를 갖고 두 차례에 걸쳐 불법적으로 예치금을 인출해 간 것으로 확인되었다는 점을 실증적으로 밝히고 있다.

상하이에서 헐버트가 할 수 있는 일은 없었다. 그는 미국에 가서 이 일을 처리하는 것이 낫겠다는 생각이 들었다. 딸도 입원해 있어서 마음도 다급하였다. 헐버트는 이 일을 미국에서 처리하기로 결심하고 상하이를 떠났다. 훗날을 기약하며 그는 무거운 마음으로 하얼빈에서 시베리아 횡단열차를 타고 미국으로 향하였다.

한국 독립을 위해 헌신하다

대중연설 활동을 통해 한국 독립을 지원하다

헐버트는 상하이에서 뉴욕을 거쳐 워싱턴에 도착하였다. 때마침 그곳에서 일본이 곧 한국을 병합하게 될 것이고, 일진회라는 친일단체가 자발적으로 일본과의 합병을 청원했다는 이야기를 듣게 되었다. 이에 대해 그는 즉각적으로 반박 논평을 냈다. 일본의 한국 침략이 포츠머스 조약에도 위배되고, 일진회는 일본이 뒤에서 선동하고 조종하는 단체라는 점에서 설득력이 없다고 비판하였다.

헐버트는 계속해서 미국 사회에서 한국 문제를 거론하며 한국 독립의 지원과 지지를 이끌어내려는 강연활동을 펼쳤다. 그는 귀국 직후에 포틀랜드에서 목회하던 형의 교회에서 진행된 강연에서 모든 권리와 재산을 빼앗긴 한국인을 지지할 것이며, 죽을 때까지 한국인을 대변하겠다는 다짐을 강하게 피력하였다.

헐버트가 형이 목회하는 교회에서 진행한
강연 내용을 보도한 「포틀랜드」 기사

귀국 초기에는 주로 미 동부 지역에서 강연 활동을 하였다. '보스턴의 세계'라는 선교 박람회에서 그는 한국에 관한 자료를 제공하고 참석자들을 대상으로 강연하기도 하였다. 이어 시카고를 포함한 중서부 지역으로 장소를 옮겨 활동하였다. 주로 한국의 역사와 문화를 주제로 강연하였는데, 한국생활에서 직접 수집하고 연구한 경험을 토대로 그는 한국 및 한국인이 역사와 문화의 저력이 대단하다는 점을 역설하였다.

한편, 1910년 8월 한국은 일본 식민지의 암흑에 빠지고 말았다. 다른 어떤 한국인보다 간절히 한국의 국권회복과 자주적 독립을 원했던 헐버트는 실망과 좌절을 숨길 수 없었다. 헌신짝 버리듯이 한국을 버린 미국 정부에 대한 배신감이 더욱 그를 힘들게 만들었다. 한국의 위기를 알면서도 고종과 독립운동가들의 호소를 철저하게 외면해버린 미국 정부에 대한 그의 분노는 이루 말할 수 없었다.

이후 그의 한국을 향한 사랑은 결코 멈추지 않았다. 한국과 한국인들이 언젠가는 반드시 보란 듯이 일어날 것이라는 변함없는 희망을 가지고 있었기 때문이다. 미국에 돌아온 그는 매사추세츠주州 스프링필드에 정착하였고, 해방 이후 한국에 다시 귀국할 때까지 머물렀다.

헐버트는 신문의 기고문을 통해 한국 문제에 대한 분석과 일본에 대한 강한 비판을 쏟아냈다. 1910년대 초 국내에서는 일제가 조작한 '105인 사건'이 일어났다. 일제가 무단통치의 일환에서 독립운동세력을 물리적으로 탄압하기 위해 '데라우치 총독 암살사건'을 조작하여 1심에서 105명이 유죄판결을 받은 '105사건'이 일어났다. 여기에서 일제는 기독교인들과 외국인 선교사들과의 밀착을 사전에 차단하고 외국인 선교사들을 연루시켜 이들을 쫓아내고, 기독교 민족주의자들을 탄압하고자 하였다.

이에 대해 헐버트는 1912년 7월 14일자 『뉴욕헤럴드』의 기고문을 통해 사건에 연루된 한국인들이 선교활동을 할 때 잘 알던 인물들이며, 이들이 총독 암살과 같은 사건에 개입할리 만무하기 때문에 죄목으로 내세울 증거가 궁핍할 정도로 조작된 사건이라고 하며 일본을 비난하였다. 또한, 특별히 기독교인들을 대상으로 이 사건이 조작된 것은 기독교가 부흥하게 되면 일본과 같은 이민족의 지배를 받지 않으려는 자립정신이 강해지기 때문이라고 보았다. 따라서 외국인 선교사와 한국 기독교인들을 분리시키는 일본의 의도가 미국을 압박하는 명백한 정치적 행위이므로, 이에 대해 미국은 국제적 대응을 가해야 한다고 주장하였다.

이와 함께 헐버트는 을사늑약과 미국에 특사 파견, 헤이그 특사활동 등 일본의 침략이 본격화하는 시점에서 미국 정부의 도움을 지원했으나 이를 거부한 미국 정부에 대해 비판의 화살을 멈추지 않았다. 그중에서도 대통령을 역임한 루스벨트가 주요한 비판 대상이었다.

루스벨트가 현직 대통령 윌슨이 독일의 벨기에 공격에 대해 항의하지

ROOSEVELT AND KOREA.

Japan's Attack Compared to the German Invasion of Belgium.

To the Editor of The New York Times:

It is rather amusing to read Mr. Roosevelt's diatribe on the present Administration, as given in his letter to Mr. Dutton, published in your Dec. 1 issue, because the words he there uses are even more applicable to himself and his own acts in 1905. He there speaks of Korea as unable to hold her own against Japan.

Precisely as Belgium lies between two great powers, Germany and France, so Korea lies between Japan and Russia. Precisely as Germany wanted to cross Belgium to strike France, so Japan wanted to cross Korea to strike Russia. Precisely as Germany guaranteed Belgium's independence if she would allow this, so Japan guaranteed Korea's independence if she would allow it. Precisely as Germany broke the neutrality of Belgium, so Japan ignored her obligations and trampled upon Korea; or rather, Japan's acts were far worse than Germany's, for Korea consented to let Japan use her territory to strike at Russia, and, in spite of this, Japan destroyed Korea.

Precisely as it was the duty of America to protest against the violation of Belgium's neutrality, so it was our duty to protest against Japan's encroachments in Korea. Precisely as the present Administration failed to protest in the case of Belgium, so Roosevelt failed to protest against the rapacity of Japan in 1905.

전 미국 대통령 루스벨트를 비판한 헐버트의 기고문(「뉴욕타임스」 1915. 12. 8.)

못하고 있다고 비난하였다. 헐버트는 마치 기다렸다는 듯이 『뉴욕타임스』 1915년 12월 8일자에 「루스벨트와 한국」이란 제목으로 루스벨트를 비판하였다. 고종의 호소를 외면한 채 일본의 한국 침략에 항의하지 않은 그가 윌슨 대통령에게 그런 말을 할 자격이 없다는 것이었다.

루스벨트가 헐버트의 비판이 '오해'에서 비롯된 것이라고 반박하자, 헐버트는 물러서지 않고 『뉴욕타임스』 1916년 3월 3일자 「한국과 벨기에 대한 미국의 정책」을 통해 더욱 강력하게 루스벨트의 도덕적 무책임을 비난하였다. 이를 통해 그는 일본의 한국 침략과 강점에 따른 한국인들의 고통에 의무를 다하지 않은 미국의 책임이 대단히 크다는 점을 미국 사회에 분명하게 이해시키고자 하였다.

파리강화회의 지원 활동

1910년대 후반에 들어서면서 국제 상황이 크게 출렁거리기 시작하였다. 제1차 세계대전의 전후 처리를 위해 1919년 1월에 파리강화회의Paris Peace Conference가 열렸기 때문이다.

윌슨 대통령이 주창한 14개조의 평화 조건 중에서 제5조의 민족자결주의에 고무된 한국 독립운동가들은 국제사회에 독립청원을 위한 준비에 들어갔다. 이들은 파리강화회의에서 국제연맹의 창설과 패전국의 식민지 독립문제가 논의되는 것을 한국 독립운동에 최대한 유리하게 활용하고자 하였다. 미국의 대한인국민회, 상하이의 신한청년당, 러시아 연해주의 대한국민의회, 국내의 유림계가 파리강화회의에 대표를 파견하

독립청원서를 헐버트와 같이 작성했다는 사실을 회고한 여운홍의 기고문(『민성』 1949. 8. 25.)

고자 하였다.

독립청원 활동은 독립을 위한 하나의 방략이었다. 헐버트 역시 국제 정세의 급변이 한국 독립을 위한 중요한 계기가 될 수 있음을 직감하였다. 그는 파리강화회의가 무력을 바탕으로 옛 질서를 추구하던 세력과 도덕에 입각한 새로운 질서를 추구하려는 세력 간의 각축장이었다는 점에 주목하였다. 윌슨의 민족자결원칙이 패전국 식민지에만 적용된다 하더라도, 이를 근거로 파리강화회의에서 한국 독립을 호소할 절호의 기

한국인보다 한국을 더 사랑한 미국인 헐버트

회로 활용하고자 하였다.

이에 한국 독립운동가들을 지원하여 파리강화회의에서 한국문제를 상정시킬 방법을 모색하기 시작하였다. 그는 프랑스 파리에 합법적으로 갈 수 있는 구실이 있었다. 미국 YMCA 일원으로 군 강의요원에 자원하여 프랑스로 건너가 연합군을 위해 극동정세에 대한 강연 활동을 하고 있었기 때문이다. 그는 철저한 학습과 풍부한 현장 경험에서 축적된 강연 덕분에 미국 사회에서 극동아시아 정세 전문가로 인정을 받고 있었다.

이런 가운데 헐버트는 1918년 11월 16일 뉴욕의 한 호텔에서 여운형呂運亨의 동생인 여운홍呂運弘과 만났다. 오우스톤 대학교를 졸업하고 프린스턴대학교 연구과에 막 들어간 여운홍은 제1차 세계대전의 종결을 보며 한국 독립을 위해 자신이 무언가 할 수 있기를 희망하였고, 구체적으로 할 수 있는 일을 찾기 시작하였다. 그 결과 헐버트를 소개를 받고 만나게 된 것이었다.

이 자리에서 헐버트와 여운홍은 1918년 후반 세계 국제무대의 격변과 함께 파리강화회의에서 한국 문제가 상정될 수 있다는 기대감을 공유하며 파리강화회의에 보낼 독립청원서를 밤새워 만들었다. 헐버트는 여운홍에게 국내에 들어가 독립청원서에 백만 명의 서명을 받아 파리에서 만날 것을 제안하였다.

이에 동의한 여운홍은 미국 프리스턴대학교로 다시 돌아왔다. 윌슨 대통령의 친구들의 소개장을 받은 그는 워싱턴에서 가서 윌슨 대통령을 만나고, 이듬해 1월 11일 국내에 잠시 귀국하였다. YMCA 총무 이상재를 비롯한 수명을 만나 토의한 결과, 여운홍은 독립청원서 백만 명 서명을 받기에 물리적 시간이 부족해 현실적으로 불가능하다는 것을 확인하였다. 국내에서 가능성을 찾던 그는 서울을 떠나 상하이로 향하였다.

그런데 여기서 주목되는 점은 국내 이상재가 국내에 들어와서 신한청년당을 만든 여운형을 만나 1차 세계대전 전후 질서와 한국 독립문제를 논의하였고, 여운형은 상하이로 돌아가자마자 김규식을 파리강화회의에 한국 대표로 파견할 것을 결정하였다는 점이다. 이는 헐버트가 1차 세계대전 종전 직후 국내와 상하이에서 벌어지고 있는 파리강화회의에 대한 준비 작업을 어떤 경로를 통했는지 이미 알고 있었을 것으로 추정되며, 이에 대한 실제적 행동으로 여운홍을 국내에 보내면서 이상재를 만나게 한 것으로 보인다.

헐버트는 국내에서 여운홍의 활동을 지켜보다가 1919년 초에 프랑스 파리에 도착한 것으로 보인다. 그는 그곳에서 YMCA 강연 활동을 하는 동시에 파리강화회의 한국 독립지원 활동을 시작하였다. 그의 회고록에 의하면, 파리에 도착하기 전에 상하이를 들렀을 때, 그 곳에서 중국의 외교 고문인 밀라드Thomas F. Millard를 만나 한국 문제를 논의하기도 하였다.

이 무렵 대한인국민회도 이승만·민찬호·정한경 3명을 파리강화회의 및 소약국동맹회 한인 대표로 결정하였으며, 파리 대표로는 정한경을 보내기로 결정하였다. 이승만은 대한인국민회 중앙총회 임시회의에서 지지자들과 윌슨 대통령과의 친분이 고려되어 파리 대표로 추가 선정되었다. 그러나 이승만과 정한경은 뉴욕주재 일본총영사로부터 파리행 여권 발급을 거부당하였다. 이런 상태에서 미국 정부의 여권 발급도 대단히 어려운 문제였다. 이들은 대한인국민회 총회장 안창호에게 경과

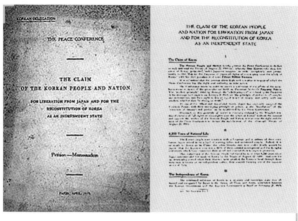
파리강화회의에서 각국 대표단에게 발송된 「독립공고서」

보고를 하며, 대표단의 파리행 불가에 대한 대안 가운데 하나로 헐버트에게 파리강화회의에 한국 문제를 대신 제출하게 할 것을 제시하였다.

이에 대해 안창호는 "한국 문제는 한국 민족의 일이니 외국 사람에게 위임하는 것이 불가하다"고 답변하였다. 대표단 파견이 불가능해진 상황에서 현실적으로 가장 좋은 대안이 될 수 있었던 헐버트 파견이 거부된 것이다. 이것은 당시 헐버트가 대한인국민회의 파리강화회의 대표단 파견 과정에도 직간접적으로 연결되어 있었음을 보여준다.

1919년 3월 17일 헐버트는 파리에서 신한청년당 대표로 온 김규식을 만났다. 김규식은 파리에서 자신을 반겨줄 사람을 만날 것이라고 생각하지 못했다. 헐버트가 을사늑약 저지를 위해 고종 특사로 미국을 방문했을 때, 김규식은 그를 대신해 *The Korea Review*을 발행해 준 사람으로 헐버트와 오랜 친구 같은 벗이기도 하였다. 헐버트는 김규식이 파리에서 하루 빨리 정착할 수 있도록 적극 지원활동을 펼쳤다.

김규식은 곧 '강화회의 한국민대표단(1919. 4. 13. 이후 대한민국 주파리위원부)'을 설치하고 본격적인 외교활동을 시작하였다. 그는 다수의 독립운동 관련 서한과 문건을 제작하여 5월경에 끌레망소 강회회의 의장, 윌슨 대통령, 로이드 조지 영국 수상 및 각국 대표단에 연이어 전달하였다.

전달된 문건 중에는 영어와 불어로 인쇄된 「독립공고서」가 유명하였다. 제출된 「독립공고서」 및 관련 서한과 문건 속에 헐버트가 저술한 책 또는 글의 내용들이 상당수가 인용되고 있다는 점에서 그의 영향을 확인할 수 있다. 애석하게도 현재까지 당시 헐버트가 어떤 부분에 어떻게 논의하고 협력했는지 정확하게 알려주는 사료는 없는 실정이다.

그러나 대한제국 수립 이래 고종의 독립청원 역사를 꿰뚫고 있고, 이에 관한 많은 저서와 글을 작성한 헐버트의 도움 없이 짧은 시간 안에 이를 준비한다는 것은 현실적으로 불가능했을 것으로 보인다. 상하이에서 미리 독립청원서를 준비하였으나, 많은 문건에 담긴 내용을 체계적으로 준비하는 일이 쉽지 않았을 것이다. 이런 점에서 헐버트가 파리에 머무르면서 김규식의 파리위원단 활동을 뒤에서 적극 돕고 있었음을 쉽게 추정해 볼 수 있다.

파리강화회의에 대한 기대와 활동에도 불구하고 초대받지 못한 한국의 독립청원서가 각국 대표부에 공식 접수되었는지 불분명했다. 파리강화회의는 국제연맹의 설립과 함께 독일과 연합국 간의 강화조약이 체결되면서 1919년 6월 28일에 종결되었다.

파리강화회의 대표 파견과 활동은 기대와 달리 별 소득 없이 끝나고 말았다. 그러나 성공여부를 떠나 국제정세의 변화에 대응하며 한국 독립의 열망과 당위성, 일제 식민통치의 불법성을 전 세계인에게 알리는데 기여했다는 의의가 있다. 동시에 2·8독립선언서 및 3·1운동을 준비하던 국내 독립운동가들에게 하나의 계기를 제공해주었다는 점에서 의미가 크다. 파리강화회의가 종결되자, 헐버트는 아쉬움을 남긴 채 미국으로 다시 돌아왔다.

구미위원부와 한국친우회 강연 활동

1919년 7월 말경 헐버트는 아메리카 종군 YMCA 활동을 마치고 미국으로 돌아오자마자 한국 구미위원부와 한국친우회에서 중심적인 연사로 활동하였다. 귀국하여 한 연설회에서는 그가 '앞으로 평생 한국의 독립을 위해 더욱 노력하며 살겠다'는 다짐을 하여 많은 한국인들의 감동을 불러 일으켰다.

때마침 1919년 8월 대한민국 임시정부는 외교 업무를 수행하기 위하여 워싱턴에 설치한 '구미위원부The Korean Commission to American and Europe for the Republic of Korea(약칭 Korean Commission)'를 설립하였다. 구미위원부는 한국을 대표하여 외교 및 선전활동을 전개하는 한편, 미주교민들로부터 독립운동에 필요한 자금을 거두는 일을 펼쳤다. 프랑스 파리대표부 등을 관할하여 미국과 유럽에 대한 외교업무와 임시정부의 대변활동을 했다. 미국인 변호사 프레드 돌프Fred A. Dolph를 고문으로 채용하기도 했다.

설립 초기 헐버트는 벡S. A. Beck과 함께 구미위원부의 선전원으로 활동하였다. 1919년 10월 9일자 『신한민보』에 구미위원부 예산이 공개되었는데, 헐버트는 통신부 운동비라는 항목으로 경비 일부를 지급 받은 것으로 확인되었다. 구미위원부는 이승만이 대한민국 임시정부의 대통령으로 선출된 후 한국위원회의 명칭을 바꾼 것으로 그해 9월부터 정식으로 활동했던 것으로 보인다. 통신부에 나오는 헐버트의 주된 활동은 미국인 및 한국인들을 상대로 연설을 하고 강연을 통해 한국독립에 대한 관심을 환기시키는 것이었다.

헐버트는 대중 강연을 통해 일본 식민통치의 불법성과 3·1운동의 탄압을 폭로하면서 고통스러운 상황에서도 한국인들이 희망을 잃지 않고 독립을 열망하고 있음을 밝혔다. 당시 강연 내용이 상하이 대한민국 임시정부에서 발간하던 1919년 11월 15일자 『독립신문』에 「한국독립운동韓國獨立運動에 관關하여」라는 기사로 다음과 같이 실렸다.

나는 일본의 압제에서 벗어나고자 하는 한국인의 요구에 관하여 몇 가지 사실을 우리 미국 국민에게 알리려고 한다. 한국 독립 요구는 3월 1일 수백 만 한국인이 순전한 평화적 방법으로 절규한 것인데 일본인은 이에 대하여 온갖 압박, 온갖 잔혹을 다 가하였다. 그리하여 수천 명 한국인이 구타를 당하며 악형을 받으며 상해를 입었다. 또한 수많은 여자가 능욕을 당하였다. 이 놀랄 만한 도덕적 애국적 운동의 유래는 한국인들은 이 같은 요구를 하므로 장차 저들의 앞길에 어떤 고난이 임할 것이 분명하게 예측하면서도 오히려 살아 이민족의 손에 노예가 됨보다 차라리 죽어 자

구미위원부 위원과 임원 일동(1920. 3.)

유의 혼이 되겠다고 분연히 일어선 한국 독립운동의 역사를 진술하기 전
에 우선 과거 한국에 대한 일본의 정책을 약술하고자 한다. ……

헐버트는 많은 미국인들에게 한국에 살면서 직접 경험했던 일본의 폭
압과 한국에서 선교사들이 보내온 3·1운동 당시 일본의 무자비한 잔
혹성을 폭로하고, 한국의 독립문제에 관한 관심과 지원을 호소하였다.
1920년 여름에는 미국 중부와 북서부 지역을 순회하며 10만 명에게 일
본의 침략주의를 비판하고 한국인들의 독립 열망과 한국 사정을 알리
며, 한국 독립을 호소하였다.
　한편, 헐버트의 강연활동은 미주 각 지역에 한국친우회 설립에도 많
은 영향을 미쳤다. 구미위원부가 대중강연 활동과 각종 홍보물의 제작

캔사스시티에 결성된 한국친우회

과 배포를 통해 3·1운동과 일본 식민통치의 실상을 널리 알리는 가운데 한국친우회League of the Friends of Korea를 미국 전역과 유럽까지 확대시켜 나가고자 하였다.

서재필의 주도로 필라델피아 한국친우회가 1919년 5월 16일 시작된 이래, 이를 본부로 하여 2년 만에 현재 미국 각지에 21개소와 영국과 프랑스 등 해외에 2개소가 조직되어 총 25,000여 명의 회원을 확보하였다.

미국 내 여러 도시에 한국친우회가 결성되는 데는 구미위원부의 노력 못지않게 한인 유학생들의 도움이 컸다. 헐버트는 벡과 함께 이 시기 한인 유학생들이 가장 많이 초청하는 강연자이기도 하였다. 1920년 3월 9일자 『신한민보』에 게재된 「안 아버 한인친구회를 조직」이란 기사를 보면, 헐버트가 어떤 역할을 하였는지를 짐작하게 한다.

미시간주 안 아버 성에 새로 한인친구회가 조직되었는데, 그곳 미시간대학에서 공부하는 리병직·정원현·박인준 3씨의 열성과 특별히 리병두 씨의 민활한 교제로 그곳 각 교회 목사들과 각 대학교 교수들에게 한인과한국에 관한 많은 동정을 환기한 결과로, 필경 2월 22일에 그곳 장로교예배당에서 한인을 위한 큰 회를 소집하고 우리 일에 막대한 도움을 주는헐벗 박사와 백 목사가 참석하여 헐벗 박사의 웅변으로 한국 고대문명과현금 정형을 토론하고 인하여 한국의 자유를 변호하며 일본의 야만정치를 타매하고 …… 일반 청중이 감동치 아니하는 이 없더라.

헐버트의 연설을 듣고 한국친우회 결성에 나선 한인 유학생들의 지역은 오하이오주의 포스토리아Fostoria, 핀들레이Findlay, 콜럼버스Columbus, 맨스필드Mansfield, 메사추세츠주의 보스턴Boston, 미시간주의 앤아버Ann Arbor, 미주리주의 팍빌Park Vill 등이었다.

헐버트는 이 지역을 순회하며 활발한 연설 활동을 하였는데, 오하이오주 핀들레이 한국친우회는 1919년 9월 20일 대중 집회에서 헐버트의연설과 보스턴대학교 재학생 김제봉, 양유찬, 윤영선의 활약 등에 힘입어 결성되었다. 그 다음 날에는 집회를 가지고 결의문을 채택해, 미국 대통령과 상하 양원에게 미국 정부가 일본의 비인도적인 기독교탄압과 한인에 대한 만행을 저지시키고 민주적인 정부를 수립하려는 한민족의 노력을 지지해줄 것을 요청하기도 하였다.

헐버트가 구미위원부의 일원으로 일한 것은 오래되지 않은 것으로 보인다. 약 8개월 동안 구미위원부로부터 200달러 정도의 일정한 보수를 지급받았으나, 1920년 5월 이후 구미위원부의 재정지출 개요에서 헐버트에 대한 선전활동비가 삭제되었기 때문이다. 그러나 예산 감축으로 구미위원부 소속의 일원으로서 그의 활동이 중단된 것일 뿐, 이것과 상관없이 헐버트의 개인적인 강연 활동은 계속되었다. 이는 구미위원부 선전원으로서 활동이 중단된 것이지 그의 강연 활동 자체가 중단된 것이 아니라는 것을 알 수 있다.

미 의회 청원 활동

헤이그 특사 이후 헐버트는 미국인으로서, 대한제국 고종의 외교 고문이었다는 점을 강조하며 활동하였다. 그는 미국인을 대상으로 대중강연 및 신문기고 활동을 했을 뿐 아니라 국회의원과 접촉하며 의회에 한국 문제를 상정시키기 위해 노력하였다. 그러나 그의 노력과 아랑곳없이 미국 의원들은 한국 문제가 심정적으로는 이해가 되지만, 자신들과 관계가 없다는 식의 차가운 태도를 보였다.

이런 모습은 뉴욕에 본부를 둔 신한회New Korean Association가 미국 의회에 한국 독립에 관한 청원서를 제출했을 때도 마찬가지였다. 이때 상원 외교관계위원회는 비공식회의를 열고 이들의 청원서가 의회가 아니라 국무부에 제출되는 것이 적절하며, 상원에서는 이 문제를 다룰 수 없다는 냉담한 입장을 밝혔다. 이는 파리강화회의에서 한국 독립에 대한 미국의 지원을 바라는 청원서를 냈을 때도 의회가 아무런 반응을 보이지 않는 것으로 나타났다.

그런데 3·1운동을 계기로 미국 언론에서 한국 문제에 대한 관심이 점차 높아지기 시작하였다. 실제로 3·1운동 소식이 미국 내에 자세히 전달되었고, 한국 독립에 대한 동정적인 여론을 확산시켰다. 한국의 평화시위에 대한 일본의 잔학행위가 알려지면서 『뉴욕타임스』와 『허스트Hearst』 등의 미국 유명 언론이 일본의 만

스펜서 상원의원

행을 규탄하고 나섰다. 이런 여론을 반증하듯 1919년 3월부터 1920년 12월 15일 사이에 한국에 관련된 기사는 9천 건인 반면, 일본에 유리한 내용의 기사는 50여 건에 불과했다. 미국의 한국 독립에 대한 여론이 무관심 혹은 친일에서 친한반일親韓反日 정서에 가깝게 변화되었음을 알려준다.

이를 배경으로 의원들을 대상으로 하는 의회 청원활동이 강화되었고, 의회에서는 한국 문제가 거론될 가능성이 어느 때보다 높아지기 시작하였다. 이것은 오랫동안 한국 독립문제에 대해 미국의 도덕적 책임을 거론하여 미국인의 동정과 지지를 끌어내기 위해 노력하던 헐버트에게 반가운 일이었다.

당시 헐버트는 한국 독립문제에 관심을 갖고 지지하는 의원들에게 이와 관련된 자료를 제공하는 활동을 주로 하였다. 미국 의원 중에 의회에서 한국 문제를 처음으로 언급한 인물은 미주리주 상원의원 스펜서Selden P. Spencer였다. 1919년 6월 그는 한국 독립문제를 돕고 있던 돌프 변호사

로부터 장문의 편지를 받았다. 여기에는 최근 한국에서 일어난 독립운동이 언급되었고, 조미수호통상조약에 의거하여 미국이 한국인을 도울 수 있는 길을 찾아야 한다는 내용이 담겨 있었다. 1919년 6월 30일 스펜서는 한국 문제에 관해 국무장관이 상원에 대해 보고해 줄 것을 요청하는 결의안을 의회에 제출하였다.

파리에서 귀국한 헐버트는 스펜서 의원의 상원 결의안 제출 소식을 듣고, 곧 그에게 연락하였다. 한국 문제에 대한 스펜서의 의회 청원활동을 적극 돕겠다고 나선 것이다. 돌프를 비롯한 스펜서 의원 등의 호소는 국제무대와 미국 사회에서 지속적으로 미국의 책임을 역설해 온 그에게 한국 문제를 미국의회에서 호소하기에 더 없이 좋은 기회였다.

그해 8월 18일에 개최된 미국 상원 외교위원회에서 헐버트는 스펜서 의원 도움으로 한국 문제에 대한 진술서 제출과 함께 진술을 하였다. 그의 진술서에는 고종이 을사늑약이 무효라고 주장한 전문을 담았고, 헤이그 만국평화회의 특사증, 영국 국왕에게 보내는 고종의 친서 사본 등을 함께 제출하였다. 그 신뢰성을 위해 자신의 진술에 대한 서약을 하며 공증까지 받았다.

당시 헐버트의 의회 진술은 신문에 크게 보도되어 미국인들에게 비상한 관심을 받았다. 의회 진술 자리에서 그는 '일본 폭정으로부터 해방되어야 한다는 한국인들의 요구를 미국인들에게 간곡하게 전달할 때가 되었다'는 점을 밝혔다. 이어 "한국에 대한 강제합병 당시 루스벨트 대통령과 국무장관에게 일본이 무력으로 한국을 강제 병합하려는 것을 들어 반대 의견을 타전했음에도 그들은 일본 정부가 발표한 허위보고만 믿고

United States of America.)
District of Columbia) ss.
City of Washington.)

                      Homer B. Hulbert being duly sworn
says that he sojourned in Korea for twenty-three years; that
he was sent to Korea shortly after the signing of the Treaty
of Amity and Commerce between the United States and Korea,
which was executed in 1882, by the State Department of the
United States, and at the request of the Korean Government,
to assist in the organization of a school system in Korea.
That during the twenty-three years that he was in Korea, he
became the friend and confidant of the Emperor of Korea and
became intimately acquainted with political and general con-
ditions in Korea and considers himself competent to speak the
facts as to those conditions. That he has prepared the at-
tached statement and summary of facts and conditions and that
said statement is true. That he has in his possession the
originals of which reproductions are attached to said state-
ment and knows that they are authentic and stands ready and
offers to produce the same in any legislative or judicial tri-
bunal that is or may be considering the questions effecting
the Korean situation.

                                H. B. Hulbert

Subscribed and sworn to
before me this 15 day of
August, A. D., 1939.

                            Notary Public.

헐버트가 자신의 진술에 대해 서약하며 받은 공증서

이를 승인하였다"고 비판하였고, "절대적 독립을 회복하는 일외에는 한국 문제에 대한 적당한 해결책이 전혀 없다"며, 한국 독립의 필요성을 거듭 호소하였다.

제출한 진술서에서 헐버트는 고대부터 한국을 침략한 일본의 호전성, 명성황후 시해사건, 러일전쟁을 전후로 한 일본의 이중적 태도, 을사늑약 저지를 위해 고종의 특사로 미국에서 활동한 내용, 탈취당한 고종의 내탕금 사건, 일본이 한국에서 자행한 폭압적 행위, 3·1운동에서 평화적 시위에 대한 일본의 폭력적이고 야만적 탄압 등을 폭로하였다.

결론적으로 '이제 와서 한국의 자유를 부여치 않으면 한민족은 오로지 멸망만 있을 뿐이다'라고 하여, 한국인에 대한 일본의 폭력성과 야만성을 폭로하였다. 미국의 비이성적인 판단이 한 국가와 민족의 존폐에 얼마나 중대한 영향을 미쳤는지를 지적하며 한국 문제를 위해 미국의 책임이 크게 있다는 점을 부각시켰다.

그가 제출한 진술서는 미국 의회 기록에 남겨졌으며, 미국 상·하원에서 한국 문제 대한 결의안이 채택되는 데에 크게 기여하였다. 미국의 상원 외교위원회에서는 제출된 문서들을 중심으로 토의한 이후, 1919년 10월 1일 펠란James D. Phelan의원이 "미 합중국 상원은 한국 국민이 그들 자신이 선택한 정부에 대한 열망에 동정을 표한다"라는 결의안(제200호)을 제출하였다. 이 결의안은 본 회의에서 낭독된 후 외교위원회로 넘겨졌다. 1919년 10월 24일에는 하원의 메이슨William E. Mason 의원이 펠란의 결의안과 동일한 내용의 결의안(제359호)을 하원에 제출하였다.

물론 이런 결과는 헐버트 개인의 노력만으로 이루어진 것이 아니었다. 미국 상·하원에서 한국 문제가 상정된 것은 헐버트가 소속된 구미위원부와 한국친우회가 효과적인 활동을 펼친 결과이기도 하였다. 미국 의회에 한국 문제가 상정된 결과, 상원에서 3회, 하원에서 1회, 도합 4회에 걸쳐 한국 문제가 상정되었고 상원의원 18명, 하원의원 3명이 발언하였으며 미국 국회의사록에 64쪽에 걸쳐 이들의 발언이 수록되었다.

이처럼 헐버트는 상원 의원의 도움을 받아 진술서를 미국 상원 외교관계위원회에 제출하는 등의 의회청원 활동을 통해 일본의 잔학상을 고발하고, 한국 독립을 호소하였다. 미국 상하 양원에서 한국 문제에 대한 결의안이 채택되는 데에 크게 기여하였다. 그의 활동은 미국 여론 및 의원들에게 영향을 끼쳤고, 그 결과 한국 문제가 미국의회에서 공식적으로 논의될 수 있도록 환경을 조성하는 역할을 하였다.

미국 순회강연 및 저술 활동

헐버트는 3·1운동을 기념하는 행사 때마다 주요 강사로 참석해 한국 독립운동을 높이 평가하고 한민족을 격려하였다.

1921년 3월 2일 뉴욕 타운홀에서 서재필의 주관으로 3·1운동 2주년 기념식이 거행되었다. 이날 기념행사에는 12,000여 명의 청중들이 참가하는 대성황을 이루었다. 뉴욕 거주 한인이 100여 명에 불과한 상황을 볼 때, 이날 참석한 대부분의 사람들은 미국인이었다.

이 자리에서 헐버트는 기념행사 연설에서 조미수호통상조약을 거론하며, 일본의 침략으로 고통당하는 한국인들을 조미수호통상조약에 근거하여 도와주어야 한다고 주장하였다.

이렇게 3·1운동 이후 미국 사회 언론과 정치에서 한국 문제에 대한 관심이 높아졌고, 이를 바탕으로 한국 문제에 대한 미국 사회의 관심이 높아졌다. 헐버트는 미국의 도덕적 책임을 근거로 미국인의 한국 문제에 대한 지지를 끌어내려는 강연 활동을 활발하게 전개하였다.

당시 그의 강연활동은 『신한민보』 1924년 1월 3일자 「헐벗 박사는 한국을 위하야 순회강연」이란 제목의 기사에서 상징적으로 드러났다. 이에 대해 『신한민보』에서는 다음과 같이 보도하였다.

금년 4월 중순에 나는 다대수의 강연을 태평양 연안 각처에서 하려고 계획하는데, 그 기간은 약 130일 동안이고, 매일 2차례의 강연을 하려고 합니다. 나는 앞으로 상항에 들러 그곳에서 여러 한국 친구들을 반갑게 만나 보려고 합니다. 나는 비록 넉넉지 못한 시간이라도 여러분을 할 수 있는 데로 다 만나 보려고 합니다.

나는 태평양 연안 각 순회강연을 끝난 후에 생각하기를 하와이 군도에도 순회강연을 하려고 합니다. 그러나 이는 내가 필요한 준비를 하느냐 못하느냐에 달렸습니다. 나는 하와이에 있는 나의 친절한 친구들과 저명한 인사들에게 서신을 보냈습니다. 나는 하와이 한인 인도자들의 번지를 알려고 하며 나의 계획하는 바를 알리려고 합니다. 만일 당신이 그들의 번지를 알거든 둘이나 혹은 셋을 알게 하여 주면 무한히 감사하겠습니다.

…… 나는 여러 곳에서 한인이 적더라도 한 둘이나 혹은 다수의 한인을 앞으로 볼 수 있을 것으로 기대합니다. 또한 나는 할 수 있는 대로 한인을

헐버트의 순회강연 계획을 알리는 기사(『신한민보』1924. 1. 3.)

하나라도 빠지지 않고 다 찾아보려고 합니다. 마지막으로 말하고 싶은 것
은 여러 곳에 있는 한인을 모두 보려고 한다는 것입니다.

당신의 진정한 친구

에취 비 헐벝

이 기사의 주 내용은 헐버트가 한국 독립문제를 위해 태평양 연안 각
처에서 순회강연을 130일간 실시한다는 계획이었다. 1923년 말 헐버트
는 순회강연 계획안을 대한인국민회에 보냈고, 이를 신문 알림란에 게
재한 것이다.

헐버트는 태평양 연안 지역에서의 순회강연을 실시하고, 이를 계획대
로 마친다면, 하와이 지역에서도 순회강연을 하겠다는 생각을 밝혔다.

드디어 1924년 4월 초부터 미국 태평양 연안 지역을 순회하는 대중연설 활동이 시작되었다. 미주리주, 콜로라도주, 오하이오주의 여러 도시를 순회하며 강연 활동을 전개하였고, 순회강연 때마다 한국의 사정을 소개하였다.

L.A. 방문을 계기로 한인 50여 명이 환영식을 개최했을 때, 헐버트는 거의 10년 동안 쓰지 않았던 한국말로 연설을 진행하기도 하였다. 그의 순회강연 일정은 오전과 오후 거의 두 차례씩 진행되었다. 강연 일정이 확정된 곳만 110처에 달했으며, 1924년 말까지 강연 약속이 잡힌 곳까지 합하면 220여처가 될 정도였다.

그는 연설 대상이 주로 미국인이나, 보다 많은 한국인이 자신의 강연을 들었으면 좋겠다는 기대감을 표현하기도 하였다. 이것은 순회강연 활동의 이유 중에 보다 많은 한국인들에게 일본 식민통치의 실상을 제대로 알리고 격려하며, 한국 독립문제에 대해 관심과 지원을 이끌어내는 의지의 표출이기도 하였다.

그런데 헐버트의 이 같은 지칠 줄 모르는 강연 활동이 독립운동진영의 침체 현상 속에서 나왔다는 것이 주목된다. 3·1운동 이후 한국 문제의 미국 의회 상정이라는 성과를 거둔 한국 독립운동 진영은 1921년에 개최된 이른바 '워싱턴 회의'에 다시 한 번 기대를 걸고, 한국특파단을 조직하여 파견하였다. 그러나 우리 대표들은 정식으로 참석하지도 못하였고, 한국문제도 의제로 상정시키지 못하였다. 또 미일관계가 워싱턴회의를 계기로 안정적 협조체제를 구축하게 되면서, 더 이상 한국 문제를 가지고 미국 정부와 언론이 관심을 끌기는 어려운 상황에 처하게 되었다.

이렇게 세계 열강들이 한국 문제에 관심이 없다는 사실을 확인한 한국 독립운동 진영은 큰 실망을 느꼈으며, 세계열강의 동정과 후원으로 한국의 독립문제를 해결하고자 했던 외교독립론에 대한 실망감이 심각하게 드러났다. 이는 곧 미주 지역에서 미국 정부 및 주요 인사들을 대상으로 미국의 도덕적 책임을 근거로 한국의 독립 지원과 지지를 끌어내려는 활동에 영향을 미쳤다. 자연스럽게 외교적 활동을 통해 한국 문제를 환기시키려던 미주 지역의 활동이 위축되고 침체 현상을 가져왔다.

국제사회의 냉혹함을 이미 뼈저리게 경험한 바가 있는 헐버트는 당시 한국인들이 느꼈을 당혹감 및 좌절감을 충분히 이해하고 있었다. 그는 한국 문제를 주제로 하는 강연 활동에 더욱 힘을 냈다. 외교적 독립을 지향하는 한국인들의 활동이 정체되어 갈 무렵, 그는 비록 혼자라도 한국 독립문제를 주제로 하는 강연 활동을 계속 전개한 것이다.

이런 차원에서 특별히 미국 순회강연에서 헐버트가 한국인들에게 강조한 것은 단합이었다. 이에 대해 이에 대해 『신한민보』 1924년 5월 15일자 「헐벌 교수는 강연 여행에 한국 사정 소개」이라는 제목으로 다음과 같이 보도되었다.

나의 문안을 전하여 주며 외국인에게 동정을 얻으려면 한인이 단합해야 된다고 하여 주시오. 나 보기에 재외 한인들만 다 단합하면 속히 성공할 수 있다 합니다. 나는 한인이 단합 못함을 근심은 할지언정 낙심은 않습니다. 나의 관찰에는 멀지 않아서 동양에 정치상 변동이 되리라 합니다.

헐버트는 3·1운동 직후 나타난 독립운동의 뜨거운 열정이 식고 독립운동을 추진할 동력이 상실되어 가는 상황에서 독립운동세력의 단합을 주장하였다. 더욱 놀라운 것은 독립운동의 분열적 현상을 비난하기보다 오히려 희망을 제시하고 있다는 점이다. 그는 단합을 강조하면서, 장차 아시아의 정치상 변화를 대비하여 끝까지 희망을 잃지 말 것을 당부한 것이다.

그런데 이렇게 의욕적으로 시작된 태평양 연안 순회강연은 이후『신한민보』나 다른 매체에서 거의 보이지 않는다. 아마도 건강상의 이유로 태평양 연안 순회연설은 중도에 중단된 것으로 보인다. 그의 나이가 60대 초였다. 현장에서 은퇴해야 할 나이에 미국 전역을 돌며 그것도 하루 2차례씩 강행군의 강연 활동을 진행한다는 것은 젊은 나이의 청년들도 소화하기에 힘든 일정이었다. 이후 자신의 자서전 내지 회고록이라고 할만한 *Echoes of the Orient*가 이 시기에 작성된 것으로 보인다. 60세 이후 자신의 주변을 정리하고 주로 저술 활동에 매진한 것으로 보인다.

헐버트는 1930년에 구미위원부에서 발간한『한국은 독립되어야 한다』라는 32쪽 분량의 단행본을 저술하였다. 책의 내용은 일본의 만행을 규탄하고 한국의 독립을 요구하는 내용을 담고 있다. 이 책은 대한인국민회, 대한인교민단, 대한인동지회, 북미대한인유학생총회의 공동 자문 아래 구미위원부가 작성한 것으로 알려져 있었다. 최근『파란눈의 한국혼, 헐버트』에 따르면, 헐버트 후손으로부터 입수한 원본 표지에 '헐버트가 기초했다'는 문구가 쓰여 있음을 확인했다고 한다. 책 내용이나 논리로 볼 때, 구미위원부가 헐버트에게 의뢰해 발간한 것이 타당한 것으로 생각된다.

한편, 헐버트는 1934년 이승만이 계획한 영문 잡지 발간에 주요 필진으로 참여하였다. 그의 참여는 이승만의 강력한 요청에서 비롯되었다. 이승만은 1932년 12월 뉴욕을 떠나 1933년 8월 다시 뉴욕으로 돌아오기 까지 유럽에 머물며 국제연맹을 상대로 일본의 만주침략을 규탄하고 이를 계기로 한국의 독립 문제를 호소하는 활동을 전개하였다. 이와 같은 활동을 더욱 효과적으로 펼치기 위해 이승만은 *The New Orient* 발간을 계획하고, 헐버트를 뉴욕으로 초빙한 것이다.

헐버트는 이승만의 요청에 응해 뉴욕에 와서 *The New Orient* 발간 사업에 적극 참여하였다. 여러 어려움 속에 1934년 9월 *The New Orient* 1권이 발간되었고, 그해 10월에 2권이 출간되었다. 헐버트는 주요 내용의 기사를 대부분 작성한 것으로 보인다.

그런데 영문 잡지는 2호를 끝으로 중단되었다. 아마도 경비조달이 원만치 않았던 것으로 보인다. 헐버트의 참여도 자연스럽게 중단되었다. 이렇게 대미외교를 수행하던 이승만을 도와 영문 잡지를 발간한 것은 미국 사회에 극동 정세를 비롯해 한국의 독립 문제를 널리 알리는 기회가 되었다는 점에서 그 의미가 있다고 할 수 있다.

한미협회와 기독교인친한회 활동

중일전쟁이 일어나자, 미주 한인사회가 다시 활기를 되찾았다. 미국과

오하이오주 애슐랜드에서 임시정부 승인 운동을 펼치기 위해 모인 한미협회 이사들과 헐버트

일본의 전면적 충돌의 분위기 속에서 독립 문제에 대한 지원을 끌어낼
수 있는 긍정적 분위기가 형성되었기 때문이다. 그리고 태평양 전쟁이
발발하고 루스벨트 행정부가 집권하면서 이승만을 중심으로 다시 한국
독립이 주요 이슈로 떠올랐다.

　호놀룰루에서 1941년 4월에 개최된 해외한족대회에서 대미외교를
전담할 기관으로 주미외교위원부가 설치되었다. 외교책임자가 된 이승
만은 침체된 외교활동과 한국의 독립운동을 도울 목적으로 외국인들로
구성된 한미협회와 기독교인친한회를 조직하였다. 이들 단체에 헐버트
가 70대 후반의 노구老軀를 이끌고 참여하였다.

　한미협회는 1941년 6월에 설립이 착수된 이래, 9월에 사무실을 얻었고, 1942년 12월 7일에 정식으로 등록되었다. 단체의 목적은 한국의 독립과 대한민국임시정부의 승인을 얻기 위해 미국인들의 지원과 지지를 확보하는 데 두었다. 헐버트가 전국위원회 위원이란 이름으로 한미협회에 참여하였다. 잠시도 한국 독립을 잊지 않았던 그는 한국의 독립이 서서히 가까이 오고 있음을 직감적으로 느꼈고, 한국 독립을 위해 마지막 투혼을 불사르기 시작하였다.

한미협회에 참여할 무렵, 그는 『워싱턴 포스트The Washington Post』 1941년 5월 2일 「한국군 – 용맹한 투쟁」이란 글에서 다음과 같이 주장하였다.

…… 한국인들이 싸울 수 있는지 여부를 판단하기 위해서는 일본이 한국을 합병하려했던 시기의 일들을 언급해야만 할 것이다. 당시 한국군은 매우 규모가 작았고 또 훈련도 제대로 되어 있지 않았다. 그들은 그러나 항복하기를 거부했다. 한국군은 수년간 지방으로 잠입하여 자신의 적들을 상대로 수백 번에 걸친 크고 작은 규모의 전투를 벌였고 결국은 궁지에 몰렸다. 그러나 그 역시 싸울 용기가 떨어졌기 때문이 아니라 먹고 입을 것이 더 이상 남지 않았기 때문이다. 일본의 지배자들은 이 같은 투쟁의 현실을 결코 세계인들에게 알리려 하지 않았다. 이 한국인들이 애국자였는지 어땠는지를 알아보려면 맥켄지F.A.McKenzie의 책 『한국의 비극』을 읽어보기만 하면 된다.

이제 삶의 수단을 모두 박탈당한 채 중국으로 추방되어 있는 한국인들은 임시정부의 지도 아래에서 독립군으로 들어오고 있다. 임시정부는

1919년 3월 1일 전 한국인들의 의지에 따라 조직된 기관이다. 임시정부의 지도 아래에 있는 한국인들의 규모는 처음에는 비록 미미했지만 점차 성장하여 이제 20만 이상으로 늘어났다. 중국은 한국의 좋은 이웃이었고 한국인들을 환대했다. 그러나 이 군대에 적절한 재정적 도움이 주어지지 않는 이상 전투에 나서기는 쉽지 않다. 장개석 총통은 이들에게 매우 관대하고 또 호의적이지만 이 이상의 도움이 필요하다.

핀란드, 노르웨이, 그리스 그리고 다른 작은 규모의 국가들이 위대한 업적들을 이루어낸 것이 많지만, 외국에 있는 망명정부가 이토록 훌륭하게 망명 지역을 방어해 내고 있는 사례는 알지 못한다. 돈과 자원을 보유한 국가들은 반드시 중국에 있는 이 한국임시정부를 승인하고 또 고무해주어야 한다. ⋯⋯

헐버트는 한국인들이 중국에서 일본의 야만적 폭압에 맞서 항일무장투쟁을 전개하며, 자신의 희생을 각오하고 자주적 독립 쟁취에 나서고 있다고 지적하였다. 이어 '한국인들이 과연 싸울 수 있는가?'라는 질문을 던진 그는, 한국인들이 불굴의 육체적 강인함을 갖추고 있기 때문에 끝까지 싸울 준비가 되어 있다고 보았다. 또한 한국인들이 과연 싸울 용기를 갖고 있는지가 무엇보다 중요한 문제임을 언급하고, 한국인들이 비록 체계적 조직 구축과 전쟁의 물자 부족으로 패배한 것이지 싸울 용기가 부족해서 패배한 것이 아니라는 점을 상기시켰다.

결론적으로 그는 한국인들이 일본의 폭압에 맞서 목숨의 희생을 마다하지 않는 불굴의 용기로 가득 차 있다는 점에서 이들의 독립쟁취를 위

한 국제적 지원과 대한민국
임시정부의 국제적 승인이
반드시 필요하다는 점을 강
력하게 역설하였다.

3·1절 행사를 앞두고
1942년 2월 27일부터 3월
1일까지 한미협회와 재미한
족연합회, 주미외교위원부
공동으로 '한인자유대회'가
워싱턴에서 열렸다.

한인자유대회에 참석한 헐버트
왼쪽이 헐버트이고, 맨 오른쪽이 이승만이다.

'이 대회는 미주 각 지방
에서 온 한인 100여 명과 워싱턴의 정치인들이 참석하였다. 이승만의
사회로 진행되었는데, 이승만을 비롯하여 서재필과 김용중, 한미협회
임원들이 주요 연사로 강연하였다.

이날 대회 위원장 이승만은 "우리가 독립하는 날, 한국 사람들은 이
분을 기념하는 동상을 세울 것입니다"라고 헐버트를 소개하였다. 그는
강연과 함께 의견서를 제출하였다. 그 내용은 을사늑약 저지 투쟁을 위
해 고종의 미국대통령 특사로 파견되어 자신이 수행한 활동에 대한 것
이었다.

이날 강연에서 그는 "멈추지 않고 끈기 있게 투쟁하는 것을 보고 계
시는 여러분은 생사의 갈림길에서 지는 해를 보고 있는 우리 한국인이
궁극적으로는 해방되리라고 믿고 있다는 것을 아실 것입니다"라고 전제

애비슨

한 뒤, "역사를 보면 한국이 높은 수준의 문명국이라는 사실을 분명하게 알게 될 것이다"라고 지적하면서, 일본의 야만성과 잔혹함을 비판하고, 고종이 일본에 복종하지 않았다는 점을 강조하며 한국독립의 정당성을 호소하였다.

한편, 헐버트는 1943년 초 한미협회와 별도로 조직된 기독교인친한회The Christian Friends of Korea도 적극 참여하였다. 한미협회가 정치적인 의도를 갖고 활동하는 단체라면 기독교인친한회는 정치적인 활동에 참가하길 주저하는 순수 기독교인들을 대상으로 한 조직이었다.

기독교인친한회의 설립에는 애비슨의 역할이 컸다. 그는 캐나다 출신으로 한말 시기부터 한국 의료선교활동에 종사하며 이승만과 가까웠고 이승만을 한국독립운동의 지도자로 높이 평가한 인물이었다. 그는 한국의 자유를 위해 노력하는 이승만의 외교활동을 돕기 위해 이 단체의 설립에 적극 뛰어들었다. 헐버트와도 함께 선교활동을 하던 동료로 친한 사이었다.

이 단체의 주요 활동은 미국 정부 및 의회에 대한 청원과 대중집회 참여였다. 다른 단체와 다른 점은 기독교를 매개로 한국에 대한 미국 사회의 동정과 지지를 끌어내려는 것이었다.

기독교인친한회는 이승만이 제안한 편지쓰기 운동을 추진하였다. 이

운동은 미시간주 출신 하원의원 오브리엔이 대한민국임시정부의 승인 문제를 의회에 제기했다가 의회가 아직 이르다고 보류시킨 것을 알게 된 이승만의 주도로 시작되었다. 한미협회를 통해 미국 의회 의원들에게 임정승인 문제를 찬성해 줄 것을 요청하는 전보나 편지를 보낼 것을 요청하고 전체 미주 한인들에게도 이러한 운동에 동참해 줄 것을 당부하였다. 이에 헐버트 역시 편지쓰기 운동에 적극 참여하여, 1944년 3월 16일 기독교인친한회의 이름으로 다음과 같이 편지를 작성하여 보냈다.

애슐랜드Ashland의 자랑거리는 세계에서 가장 큰 펌프 제조 공장을 가지고 있다는 것이었습니다. 현재는 물건을 들어올리기 위해 펌프를 만들고 있고, 이것이 바로 이곳 사람들의 특징입니다. 그들은 한국의 사정과 한국인들이 일본의 지배로부터 빨리 벗어나고 싶어 하는 소망을 갖고 있음을 알게 되자 한국의 독립을 요구함으로써 한국에 대한 동정의 마음을 펼쳐 보였습니다. 이 도시의 지도적 시민들로 구성된 한 위원회는 미국 전역에 있는 모든 한국인 교우들을 이곳으로 초청하여 문제를 논의하고 강구하자며 했으며, 상대적으로 소수이지만 매우 중요하며 극동의 스위스라 할 만한 한국인들에 대한 정보를 미국 전역에 유포할 장치를 마련하자고 했습니다.

이 초청은 승인되었으며, 한국의 희망과 요구를 대표하는 지도자들이 워싱턴, 뉴욕, 뉴잉글랜드, 시카고, 로스앤젤레스, 몬타나 그리고 많은 다른 지역으로부터 왔으며, 모든 사람들에게서 열렬히 환영받았습니다.

이 도시의 교인들은 특히 진심에서 우러난 우정을 보여주었습니다. 왜

냐하면 그들은 한국에서 현대에서 볼 수 있는 기독교 문명의 가장 놀라운 발전을 보았기 때문입니다. 이번 회담에 참석한 대표자들 중 한 사람은 1887년 한국 최초의 기독교 개종 세례식에 참석했고, 한 명의 교인이 50만 명으로 성장하는 것, 350개의 기독교 학교 설립, 천여 명의 의사와 간호사의 양성, 한 국가를 변화시킬 정도로 강력한 영향력을 갖추어 가는 것을 목격했다고 합니다.

따라서 한국이 극동 지역을 통틀어 기독교 문명의 방사상의 중심지가 되는 것을 보는 것이 미국 기독교 교회의 열망이라 할 수 있을 것입니다. 이러한 목적을 달성하기 위해 기독교친한회는 자유롭고 독립된 한국을 대표하고 있습니다.

헐버트는 애슐랜드 사람들이 한국 사정과 독립에 대한 한국인의 열망을 알게 된 뒤에, 미국에 있는 한국 기독교인들을 초청하여 격려했다는 이야기를 소개하였다. 이어 한국이 일제의 폭압에서 벗어나 진정한 자유와 독립을 쟁취할 수 있도록 미국 기독교인들이 적극 도와 달라고 호소하였다.

이처럼 헐버트는 10여 년 이상의 은퇴 생활과 70대 후반의 고령인 나이에도 불구하고, 1940년대 초반까지 한국 독립을 위한 미국사회의 지지와 지원을 끌어내기 위한 연설 활동에 적극 나섰다.

평생의 소원대로
이 땅에 잠들다

헐버트는 일본의 박해로 1909년에 한국을 떠난 지 40년 동안 미국에서 살았지만 마음은 늘 한국에 있었다. 그러한 헐버트에게도 인생의 말년은 여지없이 찾아왔다. 죽음을 앞둔 헐버트에게는 독립된 한국 땅에서 묻히는 것이 가장 큰 소원이었고, 이 땅에서 이룰 수 있는 영광이었다. 그의 소망은 극적으로 이루어졌고, 그는 마침내 한국 땅에 묻히게 되었다.

1945년 8월 15일 일본이 패망하자 헐버트는 '한국의 해방은 정의와 인도주의의 승리'라고 하였다. 그러나 한국이 38선으로 남북이 갈라지자 실의의 슬픔에 빠졌다. 그는 한민족이 역경을 딛고 일어서서 통일을 이루고, 찬란한 미래를 펼치기를 원하였다.

헐버트와 함께 미주에서 평생 독립운동을 한 이승만이 대한민국의 초대 대통령이 되었다. 국내에서는 헐버트를 초청하자는 움직임이 나타났다. 헐버트가 저술한 *The Passing of Korea*를 읽고 감동하며 존경하게

헐버트 감사회 결성을 보도한 기사(「자유신문」 1949. 2. 2.)

된 김을한 등이 그 중심이 되었다. 이들은 헐버트의 한국 사랑과 독립정
신이 특별하고 귀한 것임을 깨닫고, 그의 업적을 기리는 '헐버트 감사회'
를 조직하였다. 이 단체를 중심으로 '민족의 은인' 헐버트를 독립된 우리
나라에 초청하자는 행사를 본격 추진하였다.

　이런 움직임 속에서 1948년 8월 15일 광복절을 기해 대한민국 정부
수립 선포를 예정에 둔 이승만 대통령은 헐버트를 공식적으로 초청하였
다. 광복절이자 대한민국이 수립되는 날, 헐버트가 단상에 당연히 앉아
축하를 받아야 한다고 생각한 것이다. 그러나 평생을 함께 한 아내가 투
병 중이었기 때문에 그는 바로 올 수 없었다. 이승만 대통령은 헐버트에
게 편지를 보내, 광복절에 그가 올 수 없게 된 것을 안타깝게 생각하고,

86세의 나이로 42년 만에 다시 한국을 방문한 헐버트(1949. 7. 29.)

가까운 시일 내에 꼭 한국에 오기를 바란다는 편지를 보냈다.

그의 아내가 안타깝게도 1948년 11월에 사망하자, 이승만 대통령은 이듬해 광복절에 다시 헐버트를 초청하였다. 당시 86세였던 헐버트가 한국에 오는 것은 무리였지만, 한국에 간다는 그 자체가 그에게는 기쁜 일이었다.

1886년에 23세의 나이로 한국 땅을 처음 밟았던 것처럼, 헐버트는 그 길을 따라 1949년 7월 29일에 다시 인천항에 도착하였다. 도착한 헐버트는 너무도 감격스러웠다. 그 자리에 주저앉아 땅에 입을 맞추었다. 얼마 만에 맡아보는 한국의 흙내음인가? 63년 전에 처음 맡았던 흙내음과 전혀 다르지 않았다.

그러나 서울에 도착한 그의 몸은 이미 지칠 대로 지쳐 있었다. 헐버트는 지쳐서 마음대로 할 수 없는 상태였다. 병원에 몸을 위탁한 헐버트의 건강 상태는 매우 좋지 않은 상황이었다. 계획된 환영식이나 YMCA에서의 특강 등도 모두 취소되었다. 너무도 긴 여행이 고령의 그에게는 무리였던 것이다.

헐버트가 한국에 왔다는 소식을 듣고 많은 사람들이 병원으로 찾아 왔다. 헤이그 특사로 함께 가서 활동했던 이준 열사의 유족들도 찾아 왔다. 그러나 만남의 기쁨은 잠시였다. 헐버트는 그들과 대화를 제대로 나눌 수 없었다. 그저 눈인사만 할 정도였다. 너무도 기쁜 마음이었으나 그의 육신은 이미 무너져 내리고 있었다.

헐버트가 위독하다는 소식에 국무회의를 주재하던 이승만 대통령은 영부인과 함께 병원으로 달려왔다. 이승만은 국가원수로서 그의 한국사랑에 대해 감사를 표시하는 것이 당연한 의무라고 생각하였다.

그런데 헐버트는 바로 그날, 한평생을 통해 그토록 사랑했던 한국 땅에서 환희의 미소를 머금으며, 눈을 감았다. 1949년 8월 5일 정오가 조금 지난 시간이었다. 일가친척 및 가족들이 한 명도 지켜보지 못한 채 한국이란 또 다른 고향의 혈육이 그의 마지막 길을 전송하였다.

헐버트의 장례식은 우리나라 외국인 최초의 사회장으로 치러졌다. 영결식은 8월 11일 오후 2시부터 부민관府民館에서 엄숙히 거행되었다. 대통령·부통령·국무총리·각부 장관을 비롯하여 주한 미국대사 등 내외 귀빈과 일반 유지가 다수 참석한 가운데 진행되었다.

먼저 장례부위원장 이철원의 개회사에 이어 서울교향악단의 반주로 미국 국가, 그리고 대한민 국, 애국가를 제창한 다음 장례부위원장 이윤영은 "고 헐버트 박사는 우리 한국을 잘 이해하던 친구이며, 마음 으로 우리 한국을 원조하여 주던 분이다. 이제 고 헐버 트 박사 영결식을 집행하게 된 것은 참으로 섭섭함을 금

헐버트 영결식에서 추모사를 하는 이승만 대통령

할 수 없다"라는 말로 그의 안타까움을 표현했다. 그리고 평생 미주 지역 에서 독립운동을 함께 했던 이승만 대통령은 다음과 같은 조사를 하였다.

헐버트 박사는 미국 사람이라고 하지만은 그 마음과 평생 행동은 일편단 심 조선에 맺혀 있었던 것이며, 미국에서 태어난 분이 우리 한국을 위해 서 평생을 바쳤던 것이다. 우리 조국의 독립을 위해서 정치·경제·문화 각 방면에 노력하던 박사가 그리워하던 제2의 고국에 들어와서 친히 우 리와 얘기하고 독립된 나라를 골고루 보지 못한 것을 슬퍼하여 우리는 헐 버트 박사의 유지를 따라 민족과 국가를 위해서 앞으로 더욱 싸울 것이 며, 박사의 위업을 사모해서 동상·비석 등도 세우려고 하고 있다.

이어 미국의 무초 대사는 영결식에 맞추어 다음과 같은 담화를 발표 하였다.

근 반세기 동안 세계평화와 한국의 독립과 번영, 한미 양국의 돈후한 교역에 대하여 예견한 선철先哲이었다. 이러한 인류 근본 문제를 파악한 고인이야말로 청사에 길이 기념됨을 확신한다. 우리는 박사의 생애를 통한 교훈과 지혜 등의 지상노력이 길이 열매를 맺게 하기를 바라는 바이다.

헐버트의 장례식은 대통령과 부통령을 비롯한 3부요인, 사회단체 대표 등이 참석한 가운데 장엄하게 치러졌다. 그리고 그가 즐겨 찾았던 마포나루 한강변 양화진 외국인 묘지에 안장되었다.

대한민국 정부는 헐버트에게 1950년 3월 대한민국 건국공로 훈장인 독립장을 추서하였다. 미국 워싱턴의 주미 한국 대사관에서 가족을 대표하여 둘째 아들 윌리엄이 아버지 대신 훈장을 받았다.

평생 "나는 웨스트민스터 사원보다 한국 땅에 묻히기를 원한다"고 고백했던 말처럼 한국 땅에 묻히게 되었다. 이것은 그의 한국 사랑이 어떤 것이었는가를 잘 보여준다.

한평생 한국 역사와 문화를 사랑하고, 한국 독립을 위해 애썼던 헐버트는 한국인이 처한 어려운 현실을 받아들이지 않고 일본에 대한 비난을 멈추었다면 그는 어쩌면 한국과 미국에서 편안한 삶을 보낼 수도 있었을 것이다. 그러나 그는 평생 일신一身의 편안함보다 한국의 역사와 문화의 우수성을 주장하고, 한국인의 자주적 독립 회복을 대변하는 길을 선택하였다.

그 이유는 그가 한국에 대한 일본의 침략에 저항하고, 한국의 자주적

헐버트의 하관(왼쪽)과 양화진 외국인묘지에 조성된 헐버트의 묘(오른쪽)

독립을 회복하는 것이 무엇보다 정의로운 일이라고 생각했기 때문이다. 개인적 행복보다 인류의 보편적 정의를 택한 것이다. 고종의 친서를 통해, 독립을 호소하는 수많은 한국인들의 외침을 외면하지 않고 그는 한국이 처한 비극적 현실을 미국 사회에 그대로 알려, 위기에 처한 한국인들을 진정으로 돕고자 노력하였다.

한국 역사와 문화를 아끼고 한국독립을 열망하며 독립운동을 한 지난 헐버트의 삶은 우리를 숙연하게 한다. 가장 어려울 때 친구가 '진짜 친구'라는 말을 실감하게 한다. 그는 야만의 정글과 같은 국제무대에서 아무도 친구가 되려 하지 않던 그 시절에 끊임없이 몸소 한국의 독립을 대변하고 한국인을 격려하였다.

헐버트의 역사가 오늘 우리에게 묻고 있다. 오늘 우리는 얼마나 시대의 약자와 어려운 사람들에게 진정한 친구가 되고 있는가? 깊이 자문해 보아야 할 때이다.

1863	1월 26일 미국 버몬트 뉴헤이븐에서 목사인 아버지 칼빈 헐버트와 어머니 메리 사이에 둘째 아들로 태어남
1884	다트머스대학 졸업, 뉴욕에 위치한 유니언 신학대학에 입학함
1886	7월 4일 벙커, 길모어 부부와 함께 육영공원 교사로 한국 입국 9월 23일 육영공원 개교 직후 「육영공원 절목」을 제정함
1988	9월 18일 메이 한나와 뉴욕에서 결혼함
1890	우리나라 최초의 한글지리 교과서인 『ᄉ민필지』를 발행함
1891	12월 육영공원 교사 계약이 끝나고 미국으로 귀환함
1893	10월 1일 감리교 선교사로 다시 내한하였고, 삼문출판사 운영책임자를 담당함
1896	민족의 혼이 담긴 〈아리랑〉을 역사상 최초로 서양식 악보로 채보함 서재필을 도와 최초의 한글 신문인 『독립신문』 창간에 공헌함
1897	한성사범학교 교장과 대한제국 교육 고문을 맡음
1900	관립중학교(현 경기고등학교) 교사로 재직함
1901	영문 월간지 *The Korea Review* 창간 아시아왕립지리학회 한국지부 창립이사에 선출됨
1903	『대동기년』을 출간함 YMCA 창립준비위원장 및 창립총회 의장으로 선출됨
1904	『AP통신』 객원 특파원가 되어 러일전쟁을 취재함
1905	*The History of Korea*를 출간함

	10월 을사늑약을 저지하고자 미국의 루스벨트 대통령에게 고종황제의 친서를 전달하는 특사 자격으로 미국 방문
1906	역사, 풍속, 사회제도 등 한국에 관한 정보를 집대성한 *The Passing of Korea*를 영국 런던에서 출간함
	조약 상대국 국가원수를 방문하기 위한 고종 황제의 헤이그 특사로 임명됨
1907	5~7월 고종황제의 특사로 조약국 지도자 방문하여 헤이그 한국인 특사를 지원함
	7월 10일 헤이그 평화 클럽에서 일본의 부당성을 질타하다가 일본의 박해를 받아 미국으로 돌아가서 매사추세츠 스프링필드에 정착함
	미국 전역을 돌며 강연을 통해 한국의 독립을 호소
1909	8~10월 한국 내 부동산 문제 해결을 위해 잠시 방문했다가 중국 상하이에 예치된 내탕금을 찾아달라는 고종의 전갈을 받고 이를 확인했으나, 이미 일본이 찾아간 상태였음
1912	7월 『뉴욕헤럴드』에 기독교 민족주의자들을 탄압할 목적으로 일제가 조작한 '105인 사건'을 규탄하는 글을 기고함
1915	12월 8일 일본의 한국 침략을 외면했던 루스벨트 전 미국 대통령을 비판함
1918	11월 파리강화회의를 위한 독립청원서를 여운홍과 함께 작성함
	제1차 세계대전 중에 YMCA 연사의 자격으로 유럽에 주둔한 미군 부대에서 강연함
1919	3~6월 파리강화회의 기간 중 김규식과 함께 한국의 독립을 청원하는 활동을 함
	8월 미국 상원 외교위원회에 「한국을 어찌할 것입니까?」라는 제목의 진술서를 제출하여 일본 잔학상을 고발하고, 이를 미국 의회 기

록에 남겼음

서재필이 이끄는 미국의 한인독립단체 '한국친우회', 이승만이 이끄는 '구미위원부'에서 주요 강연자로 활동함

1921	3월 2일 뉴욕 타운홀에서 거행된 '3·1운동 2주년 기념식' 강연함
1924	1월 한국의 독립 지원을 위해 태평양 연안의 각처를 다니며 순회강연을 130일간 실시하겠다는 계획을 발표함
1930	구미위원부에서 발간한 『한국은 독립되어야 한다』를 저술함
1934	이승만이 주도한 영문 잡지 『오리엔트』의 주요 필진으로 참여
1941	한국 독립과 대한민국 임시정부 승인을 얻기 위한 미국인의 지원과 지지를 목표로 결성된 한미협회에 참여함
	미국 워싱턴에서 열린 '한인자유대회'에 참석하여 '자유의 소리'라는 제목의 강연을 통해 한국의 독립을 호소함
1943	기독교를 매개로 미국 사회의 한국과 한국인에 대한 동정과 지지 확보를 목표로 하는 기독교인친한회에 참여함
1944	3월 기독교인친한회 이름으로 미국 정치인들에게 한국 독립을 호소하는 편지쓰기 운동을 전개함
1948	11월 아내 메이 별세함
1949	7월 29일 대한민국 정부 초청으로 8·15 광복절 행사에 참석하기 위해 내한함
	8월 5일 내한한 지 일주일 만에 노환으로 별세함
	8월 11일 외국인으로서는 최초의 사회장으로 영결식 거행 후, 양화진 외국인 묘지에 안장됨
1950	3월 1일 대한민국 정부가 헐버트에게 외국인 최초로 건국공로 훈장 태극장을 추서함
2014	10월 9일 한글날을 기념하여 금관문화 훈장을 추서함

자료

한국

- 『공립신보』.
- 『독립신문』.
- 『동아일보』.
- 『대한매일신보』.
- 『서울신문』.
- 『신한민보』.
- 『자유신문』.
- 『통감부문서』 등.

서양

- *The Korean Repository*(한국소식).
- *The Korea Review*(한국평론) 및 헐버트 다수의 개인 저술.

단행본

- 게일 저, 신복룡 옮김, 『전환기의 조선』, 집문당, 1999.
- 국제역사학회 한국위원회 편, 『한미수교100년사』, 1982.
- 기독교대백과사전 편찬위원회, 『基督敎大百科事典』, 기독교문사, 1994~1998.
- 김도훈, 「한말·일제 초 재미한인의 민족운동론」, 『미주한인의 민족운동』, 혜

안, 2003.

· 김동진, 『파란눈의 한국혼 헐버트』, 참좋은친구, 2010.

· 김승태, 『한말 일제강점기 선교사 연구』, 한국기독교역사연구소, 2006.

· 김원모, 『韓美修交百年史』, 한국방송사업단, 1982.

· 김원용, 『재미한인 50년사』, 혜안, 2004.

· 김종서, 『서양인의 한국종교 연구』, 서울대출판부, 2006.

· 류대영, 『개화기 조선과 미국선교사』, 한국기독교역사연구소, 2004.

· 방선주, 「3·1운동과 재미한인」, 『한민족독립운동사』 3, 국사편찬위원회, 1988.

· 방선주, 「1921~22년의 워싱턴회의와 재미한인의 독립청원운동」, 『한민족독립운동사』 6, 국사편찬위원회, 1989.

· 방선주, 「1930년대의 재미한인독립운동」, 『한민족독립운동사』 8, 국사편찬위원회, 1990.

· 백낙준, 『한국개신교사』, 연세대학교출판부, 1973.

· 언더우드, 『와서 우릴 도우라』, 기독교문서선교회, 2000.

· 연세대학교 국학연구원 편, 『미주 한인의 민족운동』, 2003.

· 윤경로, 『한국근대사의 기독교사적 이해』, 역민사, 1992.

· 윤병석, 『李相卨傳』, 일조각, 1984.

· 윤병석, 「미주 한인사회의 성립과 민족운동」, 『미주 한인의 민족운동』, 혜안, 2003.

· 윤춘병, 『전덕기 목사와 민족운동』, 한국감리교회사학회 편찬, 1996.

· 이광린, 「한말 수난의 증인 헐버트」, 『한국의 인간상』, 1965.

· 이광린, 「헐버트의 한국관」, 『한국근현대사연구』 9, 한울, 1998.

· 이만열, 『한국기독교문화운동사』, 대한기독교출판사, 1992.

· 전택부, 『한국기독교 청년회 운동사』, 정음사, 1978.

· 전택부, 『양화진 선교사 열전』, 홍성사, 2007.

- 한국기독교역사연구소, 『한국기독교의 역사』1, 기독교문사, 1999.
- 헐버트 저, 신복룡 역, 『대한제국멸망사』, 집문당, 2006.
- 헐버트기념사업회 편, 『헤이그 만국평화회의 관련 일본정부 기밀문서 자료집』, 선인, 2007.
- 홍선표, 『서재필 생애와 민족운동』, 독립기념관, 1997.
- 황현, 『매천야록』6, 1909.
- Homer B. Hulbert, Echoes of The Orient: A Memoir of Life in the Far East, 선인, 2005.

논문
한국

- 고정휴, 「歐美駐箚韓國委員會의 初期 組織과 活動」, 『역사학보』134 · 135합집, 1992.
- 김기석, 「헐버트 – 대한제국의 마지막 밀사」, 『한국사시민강좌』34, 2004.
- 김기정, 「1901 – 1905년간의 미국의 대한정책 연구」, 『동방학지』66, 1990.
- 김석주, 「초기 개신교 선교사들의 민간신앙 이해」, 목원대학교 신학대학원, 2002.
- 김양선, 「한국 기독교 초기 간행물에 관하여(1882 – 1900)」, 『역사학연구회』12, 1968.
- 김을한, 「故 헐벝 博士의 일생」, 『신천지』, 1949년 9월호.
- 김을한, 「高宗皇帝와 헐버트 博士」, 『民聲』5. 10.
- 김철영, 「개화기 한국 기독교 출판에 관한 연구」, 경희대학교 언론정보대학원, 2003.
- 단국대학교부설 동양학연구소 편, 「李相卨日記抄 李瑋鍾莊」, 『張志淵全書』7, 동양학연구소, 1983.

- 손보기, 「3·1운동과 미국」, 『한미수교100년사』, 국제역사학회의 한국위원회, 1982.
- 손정숙, 「舊韓末 헐버트(Homer B. Hulbert)의 對韓認識과 그 활동」, 이화여자대학교 석사학위논문, 1995.
- 신재홍, 「대한민국임시정부와 대미외교」, 『한미수교100년사』, 국제역사학회의 한국위원회, 1982.
- 언더우드 저, 김인수 옮김, 『언더우드 목사의 선교편지 1885 - 1916』, 장로교신학대학교 출판부, 2006.
- 呂運弘, 「헐버트 박사와 나」, 『民聲』 5. 10, 1949년 10월.
- 윤경로, 「Homer B. Hulbert 연구 - 한국에서의 활동과 한국관을 중심으로」, 고려대학교 석사학위논문, 1977.
- 이광린, 「육영공원의 설치와 그 변천에 대하여」, 『동방학지』 6, 1963.
- 이중배, 「한국의 英學發達에 관한 연구 - 1945년까지의 영어교육을 중심으로」, 『우석문리대법경대논문집』 2·3, 1969.
- 이현석, 「초기 개신교 선교사들의 조상숭배이해」, 목원대학교 신학대학원 역사신학전공 석사논문, 2002.
- 진영일, 「헐버트의 반일 외교활동에 나타난 선교 이해」, 한신대학교 신학전문대학원, 2005.
- 차상열, 「한국의 독립에 관한 미국의 인식과 정책」, 『북미주학연구』 9, 2000.
- 한성민, 「일본정부의 安重根 재판 개입과 그 불법성」, 『史學研究』 96, 2009.
- 한철호, 「헐버트의 만국평화회의 활동과 한미관계」, 『헤이그특사와 한국독립운동』, 독립기념관 한국독립운동사연구소, 2007.

서양

• Clarence N. Weems, "Profile fo Homer Bezaleel Hulbert," *Hulbert'*
History of korea, Vol.1, New York: Hillary House Publish, 1962.

※ 본문 중 24, 26, 34, 103, 113, 157, 175, 195쪽에 실린 사진은 김동진, 『파
란눈의 한국혼, 헐버트』(참좋은친구, 2010)에 실린 것이다.

한국인보다 한국을 더 사랑한 미국인 헐버트

1판 1쇄   2015년 12월 30일
1판 2쇄   2016년 12월 2일

글쓴이   김권정
기 획   독립기념관 한국독립운동사연구소
펴낸이   윤주경
펴낸곳   역사공간
         주소: 04000 서울시 마포구 동교로19길 52-7 PS빌딩 4층
         전화: 02-725-8806
         팩스: 02-725-8801
         E-mail: jhs8807@hanmail.net
         등록: 2003년 7월 22일 제6-510호

ISBN 979-11-5707-080-0 03900

역사공간이 펴내는 '한국의 독립운동가들'

립기념관은 독립운동사 대중화를 위해 향후 10년간 100명의 독립운동가를 선정하여,
들의 삶과 자취를 조명하는 열전을 기획하고 있다.